懐かしさの宝石箱

同窓会をやろう！

秀島ヒロノリ

みらい
PUBLISHING

はじめに

この本の物語は２０１３年夏の六本木の夜から始まります。同郷で同学年の私を含めた３人が久しぶりに会って、六本木でスペアリブの骨にしゃぶりついていました。

「ねえ、同窓会やらない？」そう言ったのは私です。私は佐賀県の出身で、平成元年に就職で上京しました。このため、出身の学校はいずれも佐賀にあります。３人とも小中が一緒で、一人はこの時東京に単身赴任中、やがて九州に戻る。そしてもう一人は都内で働いているものの、間もなく会社を辞めて佐賀にＵターン。そして私はと言えば、会社を早期退職したばかりで、やや時間的余裕のあった47歳でした。

３人は合意すると早速スマホを取り出して Facebook で友だち探しを開始しまし

た。小学校から指定の中学校にそのまま進む人がほとんどであるため、規模は小さいものの小学校の同期会がうまくできたら、中学校の同期会は楽かな？　という思いがあって、小学校の同期会を卒業から35年目にして初めて開催することになりました。

これまでも帰省の度に友人に会っては「同窓会やってよ」と話したものですが、決まっていつもカラ滑り、具体化することなく、時間だけが過ぎていました。地元にいないので、地元の友人に頼むしかないと思っていましたが、これではいつまで待っても無理だと思い、代表者が地元にいなくても開催できる同期会のスタイルを考え出しました。地元にいない私が代表幹事を行うことを不思議に思っている人には「自分が一番暇だと思うから」と答えておきました。

遅くなりましたが、みなさま、はじめまして。

本書を手にしていただき、誠にありがとうございます。私は、出身は佐賀県で、生まれてから大学を卒業するまで、ずっと佐賀県で育ってきました。現在は千葉県に住んでいますが、数年後にリタイアするタイミングあたりで、ひょっとして郷里に戻りたくなるかもしれません。妻も同郷ですから、なおさらその可能性は高まります。そんな、いつとも定まらない将来のためではありますが、いきなりそのタイミングで友達の連絡先もほとんど分からない状態では、あまりにも寂しいわけです。そこで、待っていても誰も言い出さず、在郷でない後ろめたさがあったものの、自ら手を挙げました。

私はこの理由の一つを友人たちに、ことあるごとに話しています。きっと老後の遊び相手となってくれることでしょう。常日頃思っていることですが、「懐しい」とその場限りで終わるのではなく、今や未来に向けて、関係を活かして欲しい、とも話しています。

ある友人は大型トラックの営業マンで、既にそこそこの責任あるポジションにあるみたいです。普通の自動車なら興味が湧くものの、トラックはなあ、と思っていたら、同窓会で久しぶりに再会した別の友人が会社で彼のところからトラックを買いました。そんなやりとりもまた楽しい、同窓会です。

同窓会は懐かしさの宝石箱です。その箱を開けた途端に、様々な思い出や懐かしさが一気にこぼれ出します。親しい仲間うち数人で会っている時とは違い、人生においてそう何度も経験できない瞬間です。時間が巻き戻ったかのように、かつての名前やニックネームで呼び合う、非日常の時間と空間が現れます。結婚してからは、「○○さんの奥さん」、子供が生まれてからは「○○ちゃんのママ」という形で呼ばれてきた人も、ここでは元の自分の名前やニックネームで呼ばれます。

みなさんは同窓会にどのようなイメージを持っていますか？　同窓会は、勝ち組と呼ばれている人や成功者ばかりの集まりでしょうか、決してそうではありません。むしろ、多くの人は平凡な日常を送り、一方、例え周りからは幸せそうに見えるような状況の人でも、個々に悩みなどを抱えた日常の中にいます。そんな中、旧友たちと再会できる非日常のタイミングをこの上ない時間と感じられることが、幸せなことです。

あなたの人生で最も楽しかった時間はいつですか？　いつ頃の友達に会いたいで

すか？ 今となっては笑ってしまうようなことに悩んでいた青春期、あるいは無邪気だった少年・少女期など。もちろん、時間を巻き戻すことはできませんが、その頃の時間を大切だという思いを胸に、そのときの思いを再確認、追体験できるのも、同窓会です。

千葉県在住の私が、ここ数年、毎年のように、小学校同期会代表幹事、中学校同期会代表幹事、高校同期会幹事・実行委員という形で、遠くはなれた場所からでも同期会の開催準備ができているのも、ＩＴツールによるコミュニケーションのとり方とそれらによる作業の効率化によるものと思います。そこで、「同期会幹事のＩＴ屋」として、このようなＩＴツールを最大限利用した効率的な同期会開催ノウハウをお伝えしたいと思います。幹事初体験の方でも迷わない、失敗しない（失敗もまた楽しい思い出のひとつとなり得ますが）同期会開催のイロハから、最新ツールの活用術まで網羅しています。

私はインターネットに関するコンサルティングやＷｅｂサイトの制作を本業と

しています。とりわけ、同窓会（同期会）向けにはノウハウとともに、実際にこの本の中でも紹介している、理想的な同窓会サイトの制作や運用も行っていますので、是非ご利用下さい。

本書は、正しくは「同期会」を対象にしたものですが、一般的にはこの集まりを「同窓会」と呼ぶことが多いため、本書の中ではそれに倣って、実際には「同期会」に対する記述についても、特別な追記等がない場合は「同窓会」という呼称にて表記していますので、この点はご了解下さい。

秀島ヒロノリ

目次

第2章 準備開始　41

第3章 当日に向けて 95

第4章

満足度と効率化を図るIT利用実例

序章

同窓会はなぜ楽しいのか

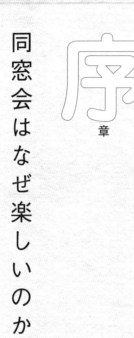

マドンナだけじゃない、同窓会の目的とその後（私的観点より）

私が同窓会の発起人になり、代表幹事などをやっている理由は幾つかありますが、その中の一つにいずれ郷里に戻った際の人脈づくりというのがあります。現在は郷里を離れ、関東に住んでいて、それでもＩＴをうまく利用して、何とか幹事の役目を果たせています。在郷の幹事メンバーに助けられているところも多分にありますが。

還暦前の同窓会が大きな意味を持つ理由

私は還暦同期会がその後の同期会の継続などの面で最も重要な会になると思っています。60歳を機に仕事を辞めて悠々自適とはなかなかいかないでしょうが、定年により一旦これまでの勤務先を退職したりすることで、連絡に使用してきた会社ドメインのメールアドレスが使用できなくなったり、転居や再就職で連絡先が変わるケースが一気に増えるのもこのタイミングです。このような理由から、実際に同期会をその還暦を迎えた後に行うにしても、連絡先・消息の確認を開始するのは、実際に60歳を迎える前に開始しておくのが良いでしょう。

また、定年退職を機に再び働きに出るにしても、これまでの様に週5日フルタイムで働くのでなければ、多少は時間的な余裕もできて、準備に参加してくれる人が増えたり、心理的な「忙しさ」からも解放され、会へ出席してくれる人も増えるはずです。

さらに、再就職先やセカンドキャリア、介護、病気など従来と違う形で様々な情報に接することで有益な情報を得られるとともに、継続的な交流の始まりやこれから先の人生における新たなコミュニティ作りの上で重要な契機となります。

当時の友人関係の再構築だけでなく、在学中はお互いの存在すら知らなかった同士が、同窓会や幹事会の場で新たな友好関係を築いた、なんて話もたくさんあります。

当時とは違う、趣味や仕事での共通の話題からの新たな関係がこれから先のセカンドキャリアや余暇の楽しみ方に刺激を与えることにもなります。例えば、ゴルフコンペ、麻雀大会などの例があります。もちろん、女子会も数え切れないほど開催されているようです。

最近思う、「会えるときに会っておく、集まれるときに、集まる」

私は現在、53歳です。子育ても一段落つき、同期会でも集まりやすい年代となりました。同窓会（同期会）が盛り上がる世代というのがあって、一つは40代後半からの子育て一段落世代。そして、もう一つが還暦のタイミングからそれ以降と言われています。「還暦同窓会」と言うのは区切りが良いですし、仕事をリタイアして時間的余裕ができる人が増えるのが背景です。

当方の事例を一つ紹介します。とある都立高校の同期会のサイトです。年齢は私が生まれた年に、高校を卒業した方々でこのとき70歳になる学年でした。認証機能を付けて、同期生だけを対象とし、名前と所在確認の有無なども公開しています。「事務局連絡」というページがあるのですが、訃報が多いのは、この年代のせいでしょう。在学当時のご本人の写真を添えて、紹介がしてあります。また、その訃報に対して、当時の様子や卒業後の当人の状況などを弔意とともにコメントしてくれたりしていま す。

この同期会は2年毎に集まりを行っています。過去の同期会の写真も「写真ライブラリー」として、同期生だけへの限定公開です。みなさん、良い顔をしていらっしゃいます。きっとこの2年おきの同期会を楽しみにされている人も多いはずです。そんな雰囲気を盛り上げ、交流の場を作ろうという目的で、この同期会の幹事の方からサイト制作のご依頼を受けました。

やがて、同期生が一人減り、二人減りしていくのは避けられません。他人事ではなく、自分がそうなることも十分あります。「自分が余命宣告を受けたら、即、同窓会やるからね！」と私はかねがね周りの友人に公言しています。逆に「何かあったら、すぐに言え！　みんな集めるから」とも言っています。「会えるときに会っておく、集まれるときに、集まる」同窓会サイトのお手伝いをし、参加者の方々の満面の笑顔を見ながら、最近特にそう思っています。

同窓会はなぜ楽しいか？

「同窓会はなぜ楽しいのか？」この本の根幹に関わるとても重要な質問です。なかなか言葉では表現が難しいのですが、私がこれまで携わってきた自分の同窓会やアドバイザーとして支援してきた同窓会の様子を写真で振り返ってみると、いずれも参加者の笑顔にあふれています。それぞれから声が聞こえてきそうです。例え、年を取り姿かたちに変化があったにせよ、一瞬にしてあの頃にタイムスリップして、損得勘定無しで、昔の様に会話を始められます。私はどんな祝い事、例えば結婚式や何らかの祝賀会でも、参加してくれたみんなが喜んでくれて、ハッピーになれる会は同窓会（同期会）以上にないと思います。まさに出席者全員が主役です。

ITツールを活用し、効率よく、満足度の高い同窓会を

旧来の同窓会のスタイルの多くは、クラス別に幹事を配置して、主な連絡手段も電話や手紙だったと思いますが、これに電子メールが加わって、効率も飛躍的に上がりました。加えてこれにスマートフォンやSNSとまた大きな変化がありました。これらをうまく活用することで、さらなる効率化や出席率の向上、満足度の向上が可能です。従来の、幹事を介しての各種伝達も一気にメール等で送信し、回答も回収できます。ITツールの活用で、幹事の人員不足や負担の問題もかなり緩和できます。技術的な要件やコストの問題も、アウトソーシングしながら解決する、Webサイトの提案も行っています。実質無料で専用のWebサイトが開設できます。

また、仕事や家庭で使用しているパソコンとソフトで、立派なプログラムや写真冊子を作成することも可能です。オンラインの印刷業者を使用することで、コストもかなりリーズナブル。その作成方法、事例も本書で紹介しています。

同窓会 Web サイトのトップページ

プログラム冊子の表紙と当日報告号の中面（下）

同窓会のスタイルは様々です。どれが正解だとか、優劣を付けられるものではないですが、うまくやる方法、効率的にやる方法、＋αとなって満足度の高まるノウハウなどはあり、本書ではそれらを紹介しています。この本を読み終えたみなさんが、旧友に会いたくなった、と言ってもらえることを願っています。

第1章 同窓会のアウトラインとスタートアップ

データで見るリアルな同窓会

同窓会を企画するにあたって、「何人くらい集まるのか？」「会費はいくらくらい？」という、かなり具体的な数字の部分が気になるのではないでしょうか？　私が確認しているそれらからできるだけリアルにお伝えしたいと思います。

●出席率：

卒業生（同期生）数に対し、出席者の割合は、平均が25％前後、30％を超えると成功！　まずは出席率30％以上を目指しましょう。

●所在判明率：

卒業生（同期生）数に対し、連絡先がわかる所在判明率の平均が70％前後。所在がわかった人の約４割の人が実際に出席してくれる感じです。

●地元在住率：

所在判明者のうち、卒業校の同市内在住者が約60％、同県内在住者が約70％でした。ただし、この数字は地域的には大きな偏差があると思いますので、その点をご承知おきください。東京の場合は、同一区内ではなく、23区内や通勤等の移動が可能な近県も含めて勘案ください。首都圏や都市部でも同様にお考えください。いずれも、2時間程度で地元に集まれる人が約70％という見通しになります。

●いつ開催するか？

都会型・普通の週末（土曜日・日曜日）。※旧盆や正月、連休は外す。
地方型・旧盆の土曜日、正月、ゴールデンウィーク

意外にも、年末年始やお盆は家族や親戚での動かせない行事があって、参加できない人が多い時期でもあります（一方、それらが本当かどうかわかりませんが、欠席の理由として利用されることが多いです）。

また、ゴールデンウィークでの開催は、出欠確認のタイミングが会社での人事異動の時期や子どもたちの進学先の決定前など、未確定な要素が多く、出欠確認作業が難航することも多い時期です。

◆年代別の同窓会の特徴

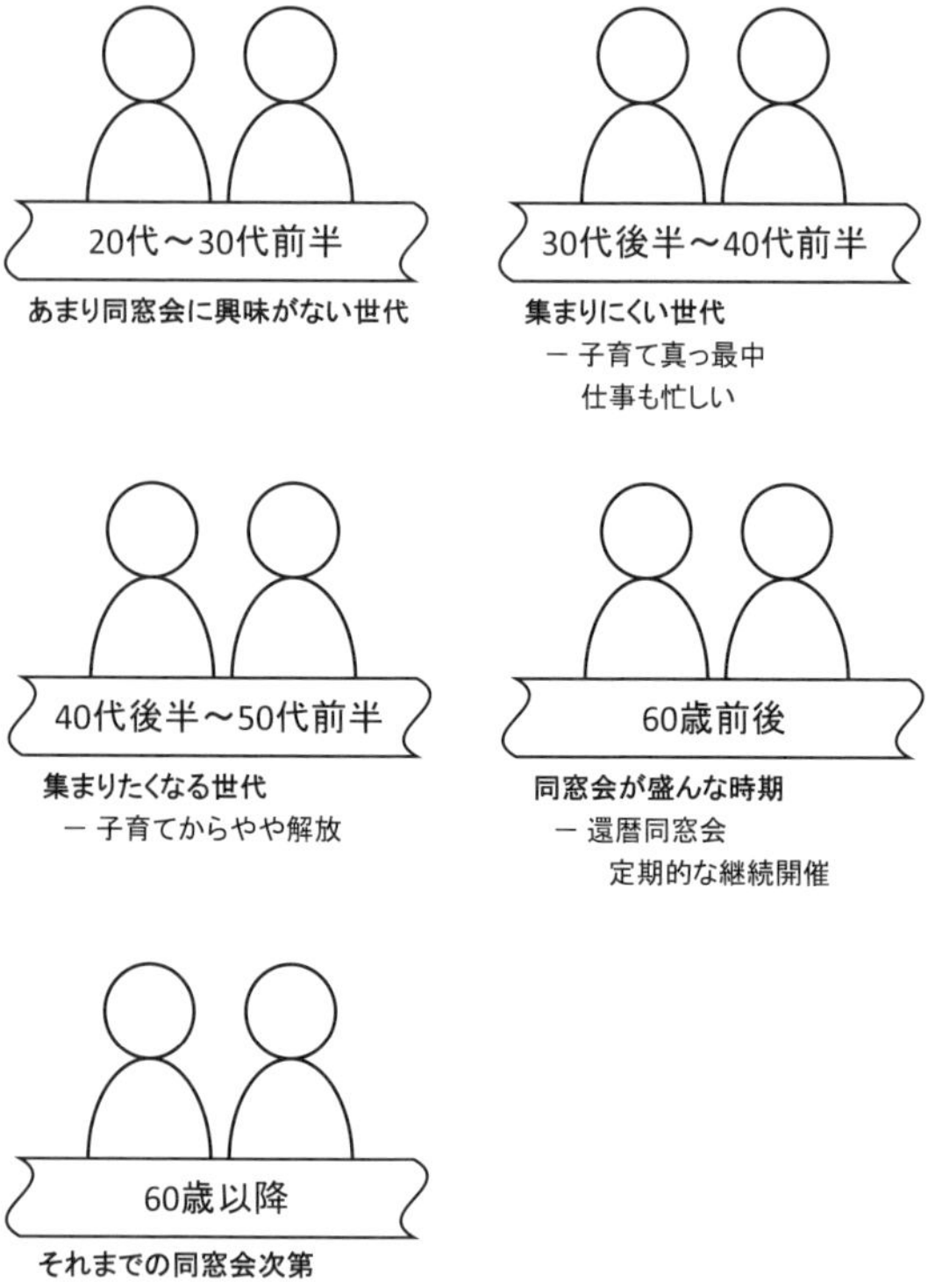
20代～30代前半
あまり同窓会に興味がない世代
30代後半～40代前半
集まりにくい世代
ー 子育て真っ最中
仕事も忙しい
40代後半～50代前半
集まりたくなる世代
ー 子育てからやや解放
60歳前後
同窓会が盛んな時期
ー 還暦同窓会
定期的な継続開催
60歳以降
それまでの同窓会次第

行かず嫌いをなくしたい

同窓会（同期会）について、すべての人が好意的であるとは限りません。中には消息を知られることを拒んだり、連絡に対して、拒絶の返事があったり、あるいは拒絶の意志としての無視など、消息確認をしながら、このようなケースに出くわすことがあります。一瞬、こちらも腹が立ったり、元気がなくなったりしますが、それぞれに事情があることでしょうから、深追いはしないことにしています。

たまに、「同窓会に行かない」と言う人と話をすることがありますが、「（在学中）良いことがなかった」「（在学中）面白くなかった」「いじめにあっていた」「会いたいと思う人がいない」「誰とも会いたくない」「知っている人（仲が良かった人）が来ない」という理由が多いです。また一方で、現在の職業や経済的な状況、体型・容姿（の変化）、結婚の有無（離婚）などの理由で、「格好悪くて出られない」という声を耳にすることもあります。

同窓会に対するネガティブな反応の一つに「勝ち組の集まり」という刷り込みがあるようですが、それはドラマやＳＮＳなどが作り出した虚像だと思います。実際にそのような集まりであれば、参加者の満足度は低く、継続的に会を続けていくことはできません。そもそも、幹事は一人でも多くの人に参加して欲しいと思い、準備を進めています。世の中、そんなに勝ち組の人ばかりではないでしょう。むしろそのような集まりを嫌う人の方が多いでしょうから、自慢をしたいがために出席している人は、会話に溶け込むことができずに、浮いてしまうことになります。

もし、同窓会にネガティブな印象を持っていてこれまで参加してこなかった人がいたら、一度くらいは出席してみてはどうでしょうか？　当時のことも時間が解決してくれて、お互いにみんな大人になっています。あまり自分が気にしている程に引きずっていることはなく、結果として懐かしさが勝って、その時間を過ごせるものです。もし、かつての印象がそれでもぬぐえなかった場合は、一次会だけやまたはその途中ででも帰れば良いです。ほんの数時間のことです。うまくいけば、これまでの様々なことが一気に解消される可能性があります。過去を変えることはできませんが、これから先に向けての新たな関係を再構築できる可能性があります。

それでももし、不愉快な同窓会だったら、それはあなたが悪いのではなく、その会を企画した幹事たちに問題があるはずです。もちろん、かつての自分が一変し、勝ち組になったことを自慢するために出席してはいけません。「格好悪い」問題についても、本人が気にしているほど、周りは他人のことを気にしていません。

同窓会企画会社はどう？

最近は都市部を中心に、同窓会の企画や準備を代行してくれる会社が増えました。会場との仲介により、特にこれらの会社への費用を上積みするような必要もなく、手軽に開催できることが魅力で、忙しい世代には検討の余地があるかもしれません。本書は同窓会本来の楽しみやそのためのノウハウを紹介することを目的にしていますが、どのようなプロセスを経ようとも、まずは皆で顔を合わせられる同窓会を開くこと、そして同窓会の良さを実感することが何よりも大切だということが大前提です。ですから、時間や忙しさが原因でなかなか同窓会が開催できないようでしたら、このような企画会社を利用してでも、同窓会をまず開催してみてください。

ただ、同窓会の楽しみの一つは自分たちの手で人探しをはじめとした準備をワイワイとやる過程にもあると思います。その過程での様々なコミュニケーション（決して楽しいものばかりではないですが）や終わった後の達成感、次へとつなげる結束や余韻。かつての文化祭やその準備の時を思い出せる貴重な時間かもしれないです。いずれにしても、せっかく築いたネットワークを今後も維持し、常に次へとつながる同窓会であるべきことは忘れないでください。

なお、同窓会企画会社のほとんどは都市型のビジネスモデルのため、全国津々浦々、地方型の同窓会でも同等のサービスレベルが提供されるのかは、それぞれの場所により異なるでしょうから、事前の確認が必要です。

「いつやろうか？」で、待っていてもしょうがない！

同窓会はいつやるべきか？　盆とか正月とかいう問ではないです。卒業してから、何年、何歳で？　という問いです。答は、「今すぐ」です。「もっと早くやっておけば良かった！」と言っても取り返しがつきません。

学生ならまだしも、就職してしばらく経っているのなら、すぐにでもやった方が良いです。独身者が多ければ、人生のパートナーとなるべき人との再会があるかもしれないです。

卒業から、10年、20年、30年。あるいは、50歳、60歳（還暦）、なんて数字が登場してきたりしますが、単にキリが良いだけで、数字には何の意味もありません。次の刻みまで待つ必要なんてないのです。50歳とか、還暦にこだわるようだったら、またそのときにやれば良いのです。大切なのは、常に次に繋げる同窓会とすることです。まずは、やることです。キリが良いタイミングにこだわるのなら、その準備に向けての集まりでも良いと思います。

但し、毎年やると次第に先細りになりますので、それは避けたいものです。数年おきとし、できることなら、その間に細かく忘年会など、プチ同窓会という形で連携は維持しておきましょう。

まず始めるべきアクションプラン（はじめの一歩）

実際に学年全体などでの同窓会を企画し実施していくまでの手順を紹介していきますが、この本は幹事だけのものではありません。「幹事は大変そう、自分にはできない」とか、「発起人にはなれないけど、声掛けくらいはやってみたい」という人も、まずはインターネットを利用して、同窓会の情報や同窓生探しからやってみてはいかがでしょうか？

◆アクションプラン

❶ Webサイトで自分の同窓会（同期会）の情報が出ていないかを検索する。

←

1

②Facebookで自分の同窓会（同期会）のグループがないか、検索する。

但し、「秘密」のグループの場合は探し出せません。「非公開」のグループの場合、メンバーへの「参加」が承認されることで、これまでの投稿内容なども閲覧可能となります。

←

③探し出せた同期生とつながる

「友達申請」を掛けるとともに、メッセージで、「近々に数人ででも集まって飲もう！」という形で、数人でも良いですから、実際に集まる場を設定します。

いきなりゴールを同窓会の開催にすることも可能ですが、できればその前に、数人での集まりや、そこからのクラス会等の実施を計画してください。実際にこのような会に参加してくれた人は、仲間と久しぶりに集まることの楽しさを実体験しているわけですから、次の集まりにも参加してくれる確率が高いとともに、幹事や実行委員となる有力な候補者となります。プチ同窓会程度であれば、準備にそれほどの手間を要することもなく、すぐにでも実行することができます。

そして、その会の終わりなどで「同窓会をやろうよ！」と正面切って提案できるのならば、それは非常に素晴らしいことですが、それが無理ならば、「今日はとても楽しかった。今度はもっと参加者を増やしてやりたいね」と発してみましょう。ほとんどみんなが賛同してくれることでしょう。そんな中、「だったら（学年全体で）同窓会やろうよ！」という声が挙がったら、拍手をしましょう。同窓会への準備がスタートした瞬間です。

まあ、ここまでの話は私もよく耳にしているところです。そこで、「いつ？」が曖昧なまま先送りされることがないように、次章からは同窓会開催に向けて、これから先のプロセスを具体的に紹介していきます。

【章末コラム】「事例の紹介」

小岩高校古稀の会

東京都江戸川区にある都立小岩高等学校は、私が生まれた昭和41年に第一期生を輩出した学校です。第一次ベビーブームの人々が高校生となる頃に多くの都立高校が作られましたが、その一つです。当時は新設校ですから、3年目にしてようやく3学年が揃ったわけです。一昨年（2018年）その3学年合同で古稀の合同同期会が行われました。まさに、この学校の礎を築いた最初の3学年として意味のある合同同期会でした。その一方で、一学年だけでは準備等大変だろうけど、3学年集まれば何とかなるだろう、という目論見もあったようです。

学年が単一でない分、幹事会の組織が部活動を軸に集められており、準備過程で垣間見た、先輩後輩の序列は何十年経とうと強固なものでした。

今でも、年次の幹事懇親会が行われています。

小岩高校十二期還暦同期会

準備に約1年半を掛け、実行委員の熱心な活動により、初めての同期会ながら、卒業生の約半数に迫る200名規模の出席で大盛況の会でした。その前後でのクラス会の開催など、つながりが生かされています。

会の終盤、軽音楽部ＯＢによる演奏に合わせ、全体での「心の旅」の大合唱がとても印象的でした。

当方は幹事会に毎回出席する一方、専用のＷｅｂサイトの作成、冊子2冊の編集の協力を行いました。

第2章

準備開始

発起人会

・発起人、幹事候補者の懇親会

第1回幹事会

・同窓会開催の合意、意思確認
・代表幹事選出、各担当決め
・幹事増員目標の設定、確認
・参加人員目標の設定
・開催日の検討、決定
・会場候補の検討、選出

第2回幹事会

・会場の検討、決定
・会費の検討、決定
・予算案提示、検討
・消息確認方法の伝達・確認、締切の設定
・案内、出欠確認スケジュールの決定
・恩師の所在、連絡状況の確認
・各担当からの報告

第3回幹事会

・消息確認の進捗確認
・会費の決定
・各担当からの報告

決定すべきことの多い重要回

消息情報の収集

同窓会開催までのフロー

第4回幹事会
・出欠確認の進捗確認
・消息確認の進捗確認
・進行、構成等の検討
・各担当からの報告

第5回幹事会
・出欠確認の進捗確認
・消息確認の進捗確認
・進行、タイムスケジュール等の確認
・各担当からの報告

・・・・

直前回（最終回）幹事会
・懸念事項の精査、対策
・参加状況の確認、最終アクションの検討
・当日の役割分担の確認
・備品リスト等の確認

（1〜2週間）

同窓会当日

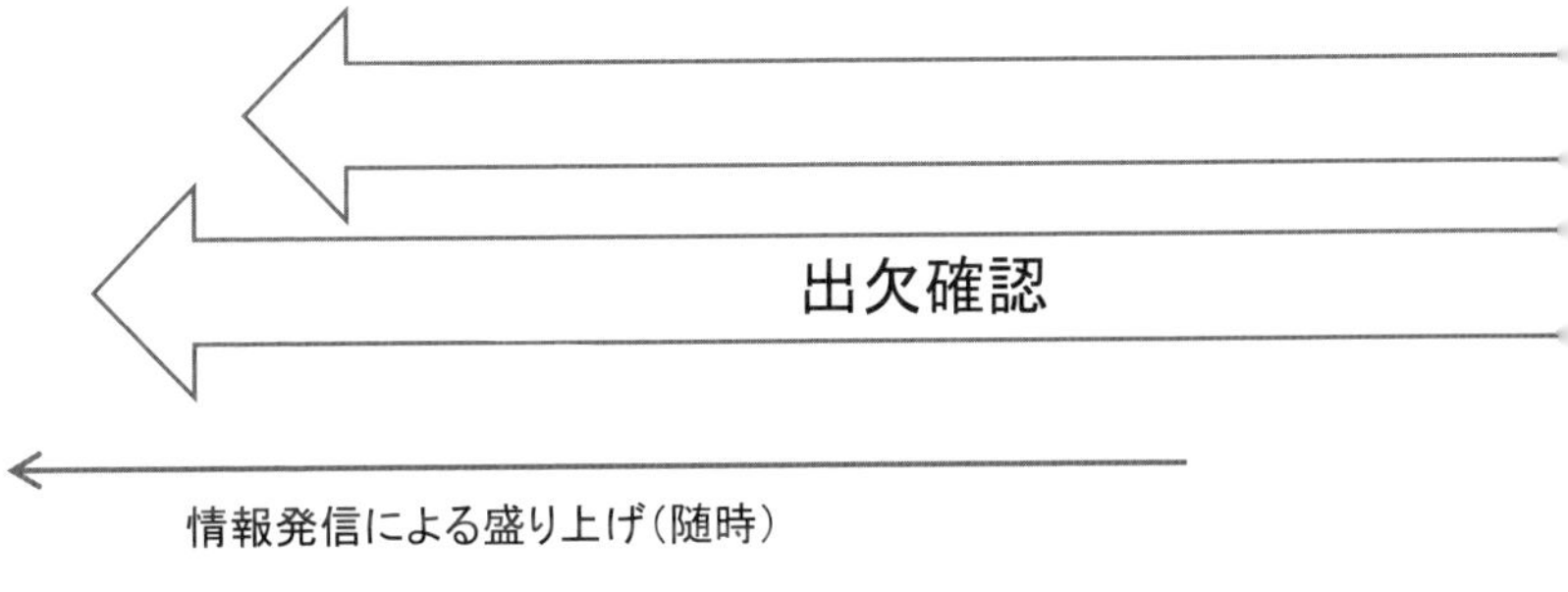

【まずは幹事会の設定】

幹事の代表者に必要な素養と適性

同窓会アドバイザーとして、この数年間に、いくつかの同窓会の幹事の方々とのお付き合いがありますが、その中で幹事の代表者としての素養・適性を垣間見ることがあります。それは何よりもまず、「決められる人」。これが最も優先される条件だと思います。独断が良いわけではではありませんが、幾つかの選択肢が出た際に、いずれを選ぶのかの判断ができる人です。「会議の場でみんなで決めましょう」とか「他のみなさんの意見も聞いてみましょう」というのは、公正な運営を行う点からは必要な場合もありますが、決められない人は、何事も判断を先送りしてしまいます。例えば幹事会が月に1回だとすると、次の幹事会までその案件の判断が止まってしまいます。

当時の生徒会長がそのままその学年の同窓会の代表となることは、周囲にも大変わかりやすい人選ですが、生徒会でのリーダーシップとその後の実社会で鍛えられたビジネス感覚や決裁力には、次元が違うほどの差がありますので、この部分においては、一考が必要です。

決められることに次いで望まれる素養は、「調整力」です。そして3番目が「交渉力」です。「調整力」は、幹事組織の様々な考えの人をまとめていく能力、「交渉力」は会場や学校、同窓会（同期会の集まりとしての同窓会組織）との交渉の場で必要となる能力です。場合によっては、協力者や出席者を得るための交渉の場で必要となることもあります。但し、この「調整力」や「交渉力」は必ずしも代表者自身が持ち合わせるまでの必要はなく、副代表や副委員長がその機能を担い、補完していける状態であれば、それはうまく分担した方が良いです。まずは、「決められる人」を重点的に探すのが先決です。

意外？　どんな人が幹事に向いているか？

ネットで「同窓会ノウハウ」について検索すると、必ず最初の方で紹介されている話題です。本音を言うと、この話題については教科書的な回答などありえません。みんな、中心的な役割はやりたくないけど、同窓会の開催を待望している人は少なからずいるはずで、自ら手を挙げるようなことはしないけど、指名されるならば、一旦断る振りをしてからでも……と思ったりしているのではないでしょうか？

家業を継いだり、起業したりして、地元で顔が利いたり、店（特に飲食店）をやっていたりして、同窓生の状況について、いろいろと情報を持っている人、会社の中でマネジメントをやっていて、組織運営に長けた人材とか、卒業時に比べるといろいろと特性が変わってきています。

女性については、ＰＴＡや父母会の役員なども、協力してくれれば魅力的な戦力になります。職業柄、ＩＴに詳しい人もいるでしょう。

あまりかつての役割や力関係を維持したまま、幹事組織を作るのは良くありません。以上、ズバリの回答ではなかったですが、幾つかの考え方のヒントを挙げてみました。

幹事は大勢で、けど執行部の中枢はシンプルに！

同窓会の幹事は、できるだけ多い方が良いのは容易に想像がつきますが、それぞれが平等に作業や責任を分担することは実際には困難です。また、幹事と名前を連ねることなくとも、「お手伝い」というポジションながら、多くの同窓生の連絡先を発掘してくれる人もいます。私はできるだけ多くの人に、少しずつの負担を分け合って、参加意識を持って欲しいと思っています。ただ懐かしい面々が集まって喜ぶだけではなく、きちんとそれを支える人々がいて、きちんと達成感までも得るべきだと思います。

「同窓会の当日なんかオマケみたいなもんで、本当はそれまでの過程が楽しいんだぞ！」って言ってやりたいくらいです。

幹事組織はできるだけ緩やかにしておくのが良いというのが私の持論です。一方で、きちんとそれぞれに役割を明確にして、状況を集約していく人が必要で、それがここで言う「執行部」です。「常任幹事」という呼称の方が、会の特性上しっくりいくかも知れません。「常任幹事」の仕事は状況を把握して、決定することです。人数は3人くらい、最大でも5人くらいまででしょう。すぐに声が届く範囲で構成したいものです。「幹事会」は「常任幹事」が決めたことの承認機関にして、スピード感を持って進めていきたいものです。

実は「オーディション」、幹事会二次会の目的

私が代表幹事を務める同窓会の幹事会は「飲み会」です。中には公民館や会議室を借りて、日中から真面目な討議を行い、数時間後に解散というケースもありますが、私達の場合はそのような場はなく、いきなり夕方からの飲み会でスタートします。

もちろん、飲み会とはいうものの、ちゃんと討議は行います。事前に重要な事は方針を決めているし、それらの情報は既に告知してあります。ですから、幹事会ではそれらを知らなかった人への伝達と、みんなの意思確認です。

この幹事会は親睦会です。そして同様に重要なのが二次会です。ここでは、「芸達者」の発掘が目的です。カラオケを歌い慣れていたり、陽気に踊っている姿を見て、同窓会当日、とりわけ二次会の盛り上げ役を任せる人を見極めるのです。「へ～っ！」と意外な一面を発見できたり、会議スタイルでは分からない状況を発見できます。同窓会後の打ち上げも重要ですが、事前に飲み会を開催しておくのも重要だと思いますが、どうでしょうか？

職業の専門性を活かした、幹事の仕事

幹事の中でいくつか専門性が有益な役割というのがあります。例えば、「会計係」です。名簿の管理や同窓生への連絡は、パソコンの操作に長けた方が良いですが、そ

れと直接結びつく程の職業や専門性はありません。それに引き換え、お金を扱う係は職業柄、それに慣れた人がやった方がいろいろと安心です。

私の小学校の同期会の会計係は銀行員です。会費を５５００円としたところ、「５００円玉が釣り銭としているだろう」と釣り銭を自分の銀行で両替して当日持ってきてくれました。そして、会が終わって集まったお金を手際よく数えて渡してくれます。千円札を扇型に広げ、「札勘（サツカン：札勘定のこと）」と言うらしいのですが、「これ苦手だったんだよな」と、もはや管理職になった彼が札を数えている姿は、在学中には考えられないほど頼もしいものでした。

中学校の同期会にも、前述の彼と同じ金融機関に勤める、別の銀行員がいます。また、高校の同窓会の会計は、公認会計士でした。人数も多いし、扱う金額も大きいですが、決算も早くって、確実、安心でした。

探せばまだ幾つか、専門性が発揮できる役割があるかもしれません。それぞれの技能やノウハウを持ち寄って、自分たちで作り上げていく同窓会って良いですよ。ちなみに自分はＩＴ屋なんで、代表幹事とは別に、Ｗｅｂサイトづくりとその運営を担当しています。

【幹事会の運用や会議のルールを決める】

幹事会はプロジェクトチーム

標準的な幹事会組織の会議は月に一度開催するケースが多いです。土曜日の夕方から数時間会議をし、その流れで親睦会（飲み会）となることがほとんどです。準備のスタート時期にもよりますが、5～10回程度の幹事会を行うことになると思います。この想定で、会議を行う上でのポイントを示します。

1　案出しの場にはしないこと

月に1回の会議ですから、その場で何らかの結論を出す必要があります。もし、その場で結論を出せなければ、次の機会まで1カ月待つことになる場合もあります。この状況を回避するためには、担当者が議題とすべき事項について予め検討をし、幹事会はその提案についての可否を決定する会議にする必要があります。その会議の場で、「みなさん、さあ考えてください」では、先に進みません。案に対して検討を行い、それを承認していく会議のスタイルが理想です。

もし、その案件について決定がなされなかった場合は、「誰が」「いつまでに」「どうする」を必ず決めてください。このために、代表幹事はこのような決定フローに慣れた人、「決められる人」が理想なわけです。

2 既決内容の変更は慎重に

幹事会のメンバーは次第に増員していくことが予想されます。中には、ある分野のツテがあったり、プロ並みのスキル等を持っている人が途中から参加してくる場合もあります。そして、「もっとこうすれば良い」という提案が出る可能性があります。幹事会の全体が納得し、改めるにまだ時間的余裕があるのならば良いですが、そうでない場合、その変更の対応は慎重に行う必要があります。客観的に見て、最善の方法と思われる提案であっても、これまで検討してきた内容を一掃するのは、メンバーのモチベーションにも大きく関わるからです。「既に決まったことだから」と一蹴するべきでもないですが、幹事会として、準備、検討してきたことを尊重することは、会議のルールとして重要です。

3 権限を移譲し、分担し、尊重すること

幹事会が一枚岩となって、全体的に統一された考えで進行できれば問題ないですが、必ずしもそうでない場合もあります。その場合の対応策としては、各担当業務を割り振る際に、権限と責任を持たせることで、担当者が合理的な範囲で決裁ができるようにしておくことです。そして、他のメンバーはその担当者の活動や決裁を尊重するルールを予め決めておきましょう。

幹事の輪を広げるキラーワード！

代表者が決まり、幹事も数人決まった後、「まだ人数が足りない」場合の想定です。

めぼしい人がいても「幹事になって！」と言って口説いてもなかなか難しかったりします。特に女性の多くはこのように前に出ることが苦手と言うか、控えている人が多いです。家庭での忙しさもあるでしょうし。

そういう場合は「手伝って！」と言いましょう。「お手伝い」です。曖昧で便利な言葉です。具体的にお願いすることは、連絡係とします。但し、依頼した内容の進捗管理は幹事（執行部）でしっかり行う必要があります。

こうして、このような人々を何人か組織していきます。そして、準備段階での飲み会には、必ず参加への声がけを忘れずに。「ゆるーい幹事会」が全体の雰囲気を和らげ、盛り上げてくれることでしょう。

当日のスタッフが足りない時も、この「お手伝い」という言葉を使って、幹事と一緒に、設営や受付をお願いできると思います。せっかくの機会なんで、何かしらちょっとくらいは関わりたいという気持ちはあるようですから、そこを刺激して、一緒に頑張ってもらいましょう。

新たな幹事組織スタイルについての試行

私が初の同窓会を行う中学校の第1回準備会を開催したときの話です。敢えて、幹事会とはせず、「準備会」としたのには意味があり、できるだけ多くの人に参加して欲しいという目論見があって、幹事という言葉を意図的に隠していました。「プチ同窓会」というサブタイトルも付けて、誰でも参加可ということで告知しました。

通常、私が考える適正な幹事の人数比率はその学年の卒業生数に対し、8％くらいかと思います。各クラスに割り当てるとすると、平均3人くらいということになります。

そしてこの準備会に集まった人数は当初の予定の人数の1・5倍、クラス平均に均《なら》すと5人という数でした。この状況は、数日前に参加人数と顔ぶれは分かっていたので、慌てるべきものではないのですが、「幹事」として、ガチガチに組織を固める人数ではないと思いました。

前述の通り、私は緩やかな組織がこれからは重要だと思っています。通信手段も多様化しているため、ピラミッド型で連絡網を作り、クラス幹事が情報を集約する時代でもないと思います。速報性や内容の正確さを考えれば、ダイレクトに一括してメール等で連絡をするのが効率的です。よって、クラス幹事をハブにした連絡態勢もやめることにしました。

このとき、幹事に変わる組織態勢を「準備委員」、「準備委員会」としました。従来の幹事会をめぐる問題点で、割当や当番によりやらされている感があったり、その影響がクラスによる積極性のバラつきとなって現れたりしていました。最終的に迷惑を受けるのは、（そのクラスの）同窓生になります。それと、周りから「一部の人がやっている」という印象を与えてしまう可能性があることです。周りの人々との（見えない）壁ができてしまうことへの危惧です。そもそもクラス単位での割り当て、定員を設ける必要もありません。

自主性を尊重し、定員など設けず誰でも参加でき、個々の負担を軽減する形での組織としての「準備委員」です。それでいて、Ｗｅｂサイトなどを使って情報格差をなくすことの取り組みも怠ってはいけません。

【日程決めと会場選びのポイント】

日程を決めるにあたり

同窓会の日程を決める上でまず思いつくのは、盆や正月のような長期休暇、帰省のタイミングに合わせるかどうかだと思います。これは、学校の所在した場所により、都会型と地方型では要件が異なります。地方型は遠方で暮らしている人からも出席を期待するのであれば、長期休暇のタイミングを狙うことになります。逆に都市型の場合は長期休暇に旅行に出る人や家族サービスなどの予定が入ることを想定し、長期休暇を外した普通の週末の方が集まりやすいようです。

欠席者の理由を聞いて要約すると「忙しいから」という回答が大半ですが、その信憑性には疑問があり、別の日程でもきっと同様に「忙しいから」と言ってくるでしょうから、あまり気にしてもしょうがないです。欠席のための後付けの理由だと思っています。

むしろ、前向きな欠席理由に注目する必要があります。例えば、親の介護などがある場合、「日曜日の昼間なら、代わってくれる人がいる」、「数時間なら出られる」という声があるようです。このため、その同期会は日曜日の日中に、夕方には終了する予定で行われています。もちろん、時間が許す人は夜遅くまで続きます。

同様の状況は、子育て世代でもあります。休みの日の数時間、家人に子供の面倒をみてもらって出席するなど。昼間に始めて、夕方早めに（一次会は）終わる、というスタイルが参加者を集める上では、有効な選択と言えます。

日程については、具体的にいつであっても、行ける人行けない人が必ずいます。幹事の主要な人の予定は外せませんが、日程の決定は多くの人の意見を聞くまでもなく、大きな国民的な行事（オリンピックとか）や地元の祭礼程度を勘案し、最初の幹事会の場で決めてしまうのが良いでしょう。

G《ゴールデン》・W《ウィーク》同窓会の伏兵

同窓会の開催時期についてですが、都会であれば普通に週末などでも可能でしょうが、地方の学校での開催となると、帰省のタイミングを見計らっての調整が必要になります。このため、地方での同窓会は、盆や正月での開催に集中しがちです。そして、長期休暇として、G．W．を利用することも考えられますが、この期間の開催で大きな障害となる「伏兵」があることがわかりました。それは「人事異動」、あるいは「新年度」です。

G．W．に開催の同窓会となると、3月にその出欠の大半を見極めたいところですが、「転勤になるかも知れないから、（返事は）ちょっと待って！」とか、「四月にならないと、はっきりしない」とかの返事が少なからず返ってきました。実際の出欠の確定は4月に入ってからでも問題ないのですが、「忙しい」を理由に返事が未回答のまま放置されるのが最悪です。その対策として、私の場合、往復はがきやWebサイトでの出欠回答に「まだわからない」という回答候補を付けています。そして、4月になって改めて、「まだわからない」人へのアプローチを行っています。

会場選びのポイント

同窓会の会場となると、まず考えなければならないのが収容人数、次いで予算、会場の知名度となるでしょう。例えば、100人規模で開催するとなると、街の居酒屋でというわけにはいかないでしょう。ある程度の規模で対応などもしっかりした、ホテルが候補として挙がるはずです。ホテルは結婚式や宴会など、数多くの経験もあるため、予算が許すようであれば、有力な候補と言えます。特に、その学年での最初の集まりであったり、先生を呼ぶには、それなりの格式が必要となります。

それに加え、私が特に重要視しているのは、会場の知名度です。ホテルであれば、地元の人などその名前を聞いただけですぐに会場がわかります。会場名だけで場所がわかってもらえるのはそれだけで十分なメリットです。

加えて、二次会の場所選びとして、ホテルで同窓会を行えば、その二次会を同ホテル内で行うことも可能です。別会場への移動の時間や手段（車の手配等）が不要となるだけでなく、二次会への出席率も高くなります（一次会の約70パーセント）。

その他に意外な候補先として利用できるのが結婚式場です。結婚式で宴会には慣れています。季節的に閑散期があるようですので、そのタイミングであれば、比較的リーズナブルな価格で利用することができます。

実際にホテルなどの会場を探す場合には、同期生や同窓生（先輩、後輩）、他の学年での同期会等で実績があるところ、会社等のツテなどを総動員して、多少なりとも有利な条件で交渉できるところを探してみてはいかがでしょうか？　私の会の場合は「幹事の義父がそのホテルの元支配人」、「先輩がそのホテルの副料理長」、「友人が業者として出入りしている結婚式場」ということで、それぞれ会場を決めて来ました。

62ページは人数規模、費用などを、会場別にチャートにまとめたものです。

会場	人数規模	利用法	費用
ホテル	50～100人以上　多	費用次第で自由度高い	高　5,000円 ～
結婚式場	30～100人	日程次第（閑散期）	
会館系	会場次第	料理手配の確認要	
レストラン	～50人規模	全体貸切（二次会）	
居酒屋	～50人規模　少	部分貸切（二次会）	安　3,000円 ～

このチャートの「費用」は料理代金として、会場に支払う金額で、
実際に回収する「会費」ではありません。

出席率を向上させる、二次会の会場選び

会場としては、二次会の分までは、主催者側で抑えておく必要があります。そこで、同窓会の二次会の会場選びとしてぜひ検討して欲しいのが、一次会をホテルで行った場合、そのホテルの別室を利用する案です。各種宴会や結婚披露宴を行う規模の部屋の利用です。

大きく三つのメリットがあります。

1．二次会の出席率が高くなる
2．移動の時間的ロスがない
3．分裂開催を回避できる

一次会で食事もほとんど食べない状態で喋ることに夢中な彼らです。「まだ話し足りない」の声も多く、時間を惜しんでいる状態です。ホテル側もこのようなケースを歓迎してくれて、多少のディスカウントでの協力も期待できます。二次会は料理などほとんどいらず、場合によっては一次会のものの一部を二次会の部屋に運んでくれたりします。

【会費設定で留意するべき大切なこと】

会費を決める手順

同窓会は通常の飲み会と違い、それまでの準備やその後のフォローにおいて、相当の出費がつきものです。実際の会場費や飲食代に加えて、これらの経費を加算した金額を把握した上で、会費を決める必要があります。

場所や年齢にもよりますが、同窓会の会費は、通常の飲み会に比べて、高めです。一概に安ければ良いというものでもないようですが、二次会も含めての金額設定が必要になります。

昨今の状況では、還暦の会などのような区切りの良い、大きなイベントとしてホテルで行う場合は、1万円というのが一つの目安となっています。一次会が7千円、二次会が3千円、合計1万円。このあたりが現実的な金額と思います。活動費に占める固定費の部分は出席者の数が増えるほど、一人あたりの負担単価は下がりますから、目標人数を何パターンかシミュレーションしてみましょう。

いずれにせよ出席者は飲み食いのためにお金を出しているのではなく、旧友と会える「機会」に出費し、その場において飲食をともにするということです。満足度に期待し、会費を払っているわけです。

経費に対する考え方

ホテルなどの主要な会場では「同窓会コース」などという商品メニューを持ち、会場の規模や現地での相場感を反映した金額設定がなされています。もちろんこれらは、会場に支払う金額ですので、実際にはこれに活動経費等を加算した分の金額で、会費設定をしなければなりません。

意外に経費の額は大きくなってしまいます。代表的なものは、以下になります。

・通信費（葉書、電話代等）
・雑費（文房具、消耗品関連、会議資料のコピー代等）
・プログラム冊子作成費、ＤＶＤ作成、メディア（記録ＤＶＤ配布の場合）
・送料（案内状ほか）
・恩師への花束、記念品等
・恩師への車代

一方、会費以外の収入として検討すべきものもあります。プログラム冊子等への広告やカンパです。プログラム冊子の下部などに、名刺大の広告を数千円で募集するプランです。基本的には、同窓生をスポンサーとすべきです。（一般企業の広告は、受けが良くないし、発行部数が少ないことを理由に、企業都合による相場で、十分な費用を得られない可能性が高いです）

このことについては第４章でさらに詳しく説明しています。

この他には、参加の有無に関わらず、寄付（カンパ）を求める方法も考えられます。どうしても、金額的に苦しい場合は、料理の一部のメニューを変更する交渉をやってみましょう。一品減らすとか、別の単価の安いメニューに入れ替えるなどを会場と相談してみてください。

最も悩ましいのは、ドタキャンによる収入不足です。事前に周到に連絡・確認を行ったにしても、これをゼロにすることはなかなか難しいものです。当人に意識があって、後日でもその会費を払ってくれるようなら問題ないのですが、伝言ゲームによるロスや希望的観測による楽観的な読みによるものの場合、当人に会費の負担を求めることはなかなか難しいですし、会費を得る、得ないに関わらず、交際が途絶えてしまうリスクも大きいです。

何事も余裕を持って予算を組むべきで、参加確認があった人数からドタキャンの人数を見込んで、料理等の手配は少な目の人数で行うべきです。席を決めての人数分となると困るので、料理はビュッフェ方式が良いです。多くの場合、料理は余ってしまいます。食べることよりも喋ることに熱中し、食事は進みません。

料理の質・味について、後日不満が出ることがあったにしても、量について不満が出ることはあまりありません。むしろ、「あんなに余って、もったいなかったね」という意見が多いくらいです。ドタキャン率は出欠確認の精度や会費の事前回収の有無にもよりますが、当日回収の場合は、5〜10％を想定する必要があります。ドタキャン分の収入減の負担を出席者の頭割りすることについては、特に不満が出やすいので、この部分への実質的な負担が出ないような準備が必要です。なお、会費の事前回収に対する抵抗感はあまりなく、確かに振り込む側は銀行に出向いたり、手数料の負担などありますが、大半は期日ま

でに振り込んでもらえているようです。事前回収の方が、当日の受付もスムーズに行えます。

ホテル等を利用する場合、機材の使用料が別料金となっている場合がありますので、この点は注意が必要です。プロジェクター、スクリーン、カラオケ機材、横断幕などなど。中には集合写真撮影時に全員が整列して並ぶ台（前後で段差をつけるような場合）が、設営料金も含めて別料金、と言われたことがありました。

会費「男女金額格差問題」について

同窓会当日の会費について、「男女間で格差を付けるのか」問題についてです。この問題について、私がネットで調べたところ、ある同窓会企画会社の説明としては、「格差を付けない」という回答が、その理由とともに書かれていました。

しかし、私は「格差を付ける」派です。女性はあまり食べないとか、あまり飲まないから、というつもりはさらさらありません。私が格差の基準として考えているのは、会場に来るまでの「必要経費」とその努力に対する配慮です。

女性の多くは同窓会に出るために、美容院に行くようです。中にはその日のために新たに服を買う人もいます。男性が出席するのとでは、事前の手間とお金の掛かり具合が違うのです。

例えばこれが同窓会でなくて、飲み会やコンパだったとしても、化粧の手間やコストを考えると、やはり男性とは違いがあります。このような飲み会でも、男女金額差は付けます。ましてや、同窓会となると、女性は美容院やら服を新調したりと、力の入れようが格段に違っています。

「平等」と言うのは、等しく負荷を掛けたり、負担をしたりということではなく、結果として「平等」に（近く）なるように、負荷や負担に軽重を付けることだと思います。もちろん、格差の数百円や千円ぐらいで美容院に行けるものではないですが、気は心です。可愛く、格好良く、そして楽しくいきましょう。

【大変な消息確認はこうして乗り切る】

消息確認の方法

同窓会は消息探しが醍醐味であり、それが肝です。確かに大変な作業ではありますが、それを避けては前へは進めません。ポイントは多くの人からの情報を集めることです。すでにこれまでクラス会を実施するなど、ある程度の名簿があるような場合は良いのですが、そうでない場合は、あまりクラスでの単位には執着せず、もっと広い範囲で情報を集約する方が効率的です。なぜなら、卒業時のクラスではなく、1、2年生のときのクラスや部活動で親しくしていた人からの情報、卒業後の進学先（中学校時の高校）や、入学前の出身校（高校時の中学校や中学校時の小学校）でのつながりにより、消息をつかんでいるケースが案外多いからです。

同期生の消息を探す際に重要なことは、できるだけ具体的にその対象者を明らかにすることです。例えば、「今度同窓会をやるから、連絡先を知っている人がいたら、情報を教えて」と頼んだ場合、ほとんどが同じ人の情報を挙げてきたり、既に情報をつかんでいる人の情報だったりします。探している人はすぐに消息情報が出てくるような人では無いでしょうから、具体的に対象者の名前を挙げて、「この（これらの）人の連絡先を探している」と伝える必要があります。また、このときに重要なのは、たとえその聞いた先の人が対象者の消息を知らなくても、「○○さんなら、（その対象者の消息を）知っているかもしれない」とか「実家がまだ残っている」など、何らかの手掛かりが得られるような聞き出し方が必要です。

私が主催する同期会の幹事会は、いつも飲み会です。乾杯からのスタートですが、途中で若干時間を取って真面目な話もします。その中で必ずやることは、「消息確認」の摺り合わせです。

まず、幹事メンバー内で全体的な状況を把握して、それが進捗状況として、時期的にOKなのか、NGなのかの意識を共有します。そして、リストを見ながら、個々に確認していきます。この時使用するリストの内容は、クラス、氏名（旧姓）、そして「確認状況」です。具体的な住所等の連絡先の表記は必要ありません。

消息が確認できていて、連絡が取れている人はほぼスルーで良いですが、「情報確認中」の人については、その場で参加者からの情報を出してもらいます。「どこどこで見た！」とか「どこどこで働いているはず」などといった情報が飛び出してくることもしばしばです。そして、出席者はその本人の連絡先を知らなくても、「別の同窓生が知っている！」という情報を持っていたりします。その場合は、その「別の同窓生」に誰がアプローチするかまでを決めて、次の人の確認へと進みます。たまに、以前の勤務先や住所など、既にたどり着かない、古い情報や懐かし話が飛び出して、脇道に話がそれることがありますが、それは単なる時間の無駄ですので、すぐに軌道修正して、先に進めてください。

次第に真剣さが増してきて、進んで情報を出してくれるようになるし、人を介しての連絡にも手を挙げてくれる人が増えてきます。小中学校であれば、家も近かったりと実家まで様子を見に行ってくれる人なども出てきます。

決まったことは必ずメモして下さい。誰の分を誰が担当するのかを必ず書き留めておき、それを後から議事録として配布しましょう。酒の席ですから、リストには必要以上の情報を書いていなくてもOKです。むしろ紛失等があると幹事の信用問題にもなりかねませんので、リストは回収するなり、店できちんと廃棄してもらうなど手配もちゃんと行って下さい。

消息調査の実践的かつ具体的な方法

(1) 後の作業がグッと楽になる簡単なエクセル管理法

同窓会をめぐる一連の作業の中で最も大切であり、大変なのが「人探し」です。同窓生の消息探しは、全体の作業のうち、私としては60%以上のウェイトがあるとさえ思っています。その具体的なやり方をここで紹介します。

まず最初に、「器」を用意します。データを入れる器、フォーマット(書式)です。

エクセルで、卒業アルバムの名簿の部分から「氏名」を入力していきます。「A列」

に管理用の番号等を入力するとして、このときのポイントは、「B列」に苗字（旧姓）、「C列」に名前を入力します。一つの列に苗字と名前を一緒に入れてはいけません。後のことを考えると、列を分けて入力しておかなければなりません。その理由は以下です。

同窓会の場では、改姓した女性でも、旧姓でやり取りしないと、会話や連絡がスムーズにいきません。また、旧姓のまま（あるいは戻った）の人もいるわけですから、そのような事情がわからないように、当時の思い出も交えて、旧姓のままでコミュニケーションしています。

しかし、郵便物を送りたいとなった場合、現姓でなければ、現住所には送れません。ですから、同窓会の場では、「旧姓」、郵便物は「現姓」という使い分けをするためにも、苗字と名前は別の列に入力しておくのが便利なのです。

そのようなわけで、「D列」の項目は「現姓」とします。さらに、「E列」を「旧氏名（旧姓＋名前）」、「F列」を「現氏名（現姓＋名前）」とします。この場合、E列とF列には、次のように式を入力します。

「E2」＝ B2&” “&C2

「F2」＝ D2&” “&C2

「&（半角記号です）」は文字列を結合させる記号で、「” “」で苗字と名前の間に半角スペースを入れました。

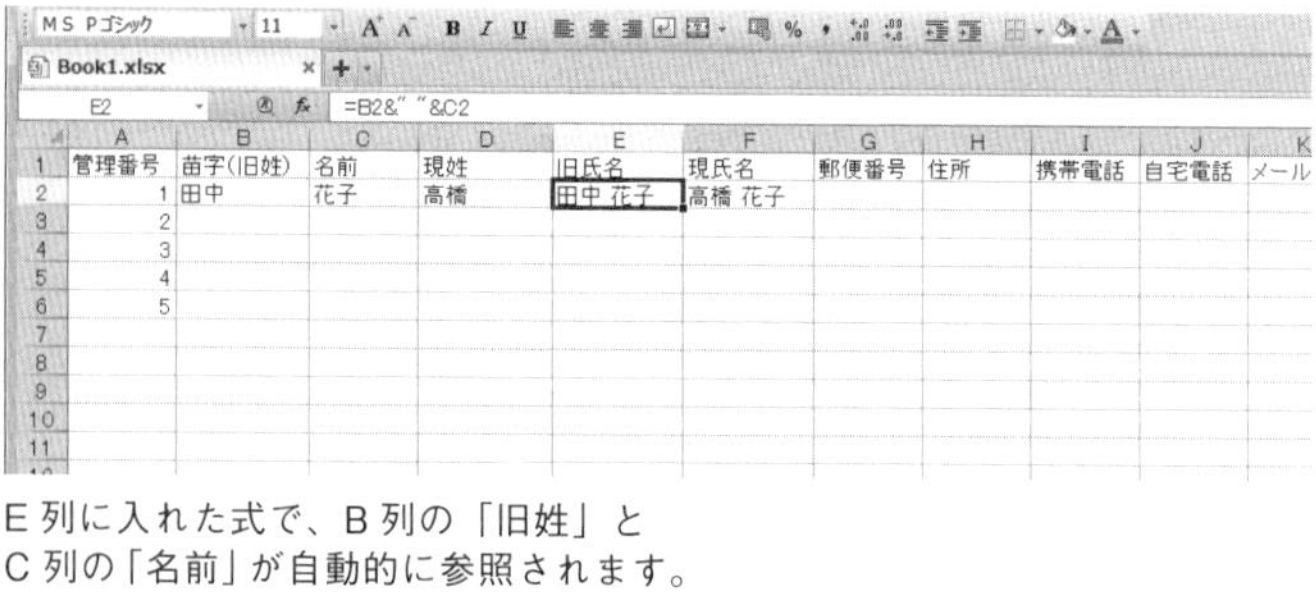

	A	B	C	D	E	F	G	H	I	J	K
1	管理番号	苗字(旧姓)	名前	現姓	旧氏名	現氏名	郵便番号	住所	携帯電話	自宅電話	メール
2	1	田中	花子	高橋	田中 花子	高橋 花子					
3	2										
4	3										
5	4										
6	5										
7											
8											
9											
10											
11											

E 列に入れた式で、B 列の「旧姓」と
C 列の「名前」が自動的に参照されます。

F列以降は以下の項目の入力フィールドとします。

G：郵便番号
H：住所
I：携帯電話
J：自宅電話
K：メールアドレス（携帯）
L：メールアドレス（他）
M：（予備・消息状況等）
N：（予備・連絡担当者名等）
O：（予備・出欠状況等）

とりあえず、このような感じの「器」を用意してください。
項目の順番を決めて、器が用意できたら、氏名を前述のように分けて入力していきます。かなり大変な量だと思いますが、頑張りましょう。その友達のことを思い出しながら、名前を入力していくと、何とか頑張れそうな気がします。

一気にできない場合は、クラスごとに区切ってやりましょう。

卒業アルバムに載っている住所や電話番号の入力は不要です。

(2)「消息不明」も細かく区分け

「器」のファイルを使って、消息情報の調査を開始していきます。まず最初に、自分も含め、分かる範囲で同窓生の所在情報を入力していきます。

どの情報要素を重要視するかは、それぞれの方針に拠るかと思いますが、私達の場合は、「メールアドレス」を重要視しました。費用の面と、速報性の観点からです。ハガキは送っても1、2回でしょうが、メールは結構頻繁に送ることができます。そのメールを、他の同窓生に転送してもらうこともできます。

一方、住所しか分からない人については、「実家に住んでいる(はず)」という情報などが多く、周りの同窓生との関わりが途絶えているケースが多いです。ハガキが戻ってこなかったため、届いてはいるようですが、たまたま実家だから届いた可能性もあり、本人にはたどり着いていない可能性があります。かなり想像も交えていますが、この様な場合のハガキからのレスは極めて悪いです。多少の費用を掛けてでもやってみるのは良いと思いますが、結果に過度の期待は持たない方が良いと思います。

以上のような理由で、最もおすすめする連絡手段は「メール」です。FacebookやLINEなど、いろいろと通信手段はありますが、できるだけ多くの人が使える手段としても「メール」です。FacebookやLINEでつながった人からも、メールアドレスを聞き出すようにしましょう。

自分一人が知り得ている情報だけでは、すぐに限界に行き着きますから、「器」ファイルを幹事のみなさんに配って、同じように、確認できている具体的な所在情報を入力してもらい、後から回収します。このとき、重要なのは「不明者」の仕分けです。

一口に「不明者」と言っても、状況は様々です。

（1）知っている人がいる（○○さんが知っている）

（2）実家は残っている

（3）地元にいるらしい
（4）不明

という形で、仕分けします。

仮にここで、「（1）知っている人がいる」の場合は、知っている人が「誰」かを入力してもらいます。そのような情報を集めていけば、徐々に不明者についても、何らかの状況が見えてきます。

こうして、幹事たちに配布していたファイルを集め、その内容を一つの「器」ファイルにまとめていきます。それができたら、「幹事会」を開きましょう。堅苦しい会議ではなく、飲み会が良いと思います。幹事だけではなく、消息確認の過程で連絡出来た人も呼んで、賑やかにやった方が良いと思います。

その幹事会の席で、参加者に集約したファイルを印刷して、配布します。印刷する項目は「氏名（旧姓）」「消息確認状況（仕分け結果）」「誰（知っていそうな人）」くらいで良く、不用意に住所や電話番号、メールアドレスを印刷して開示する必要はありません。

会議の場では、「不明者」について、仕分け結果を確認し、参加者の意見を交えて修正していきます。「誰（知っていそうな人）」について、幹事の中の誰がアプローチするのか、いつまでにするのか？　を確認し合います。こういうときは結構手が挙がって、名乗り出てくれますので、その雰囲気で、ざっと短時間に決めてしまい、その後に、楽しくお酒を飲みましょう！

【連絡方法】

案内ハガキの送付は二段階で！

同窓会の案内で多少なりとも用いる手段として、郵便があります。できるだけ多くのメールアドレスを収集して、メールによる連絡を基本にした方が、コストや速報性の面で優位なのは確かですが、どうしてもメールアドレスや電話番号がわからないときは、やはり郵便の手段に頼ることになります。費用も掛かりますし、卒業アルバムなどでわかっている住所も既に転居してしまっていて「不達」となる可能性もありますが、いくらかの反応に期待し、ハガキでの連絡もやってみましょう。

その際、タイミングにもよりますが、いきなり往復ハガキで送るのではなく、できるだけ早いタイミング（4カ月〜半年前程度）で、まずは開催予告を通常のハガキ（一方向）で伝えます。そこで、ハガキ受領の合図とメールアドレスや電話番号等の連絡依頼を必ず記載しましょう。

いきなり往復ハガキでは倍の費用が掛かってしまいますし、「不達」となるリスクも解決されていません。ただ、無事にハガキが届いたとしても、受領の合図やレスポンスの状況はあまり芳しくありません。ですから、この時点では、郵便が届く連絡先を確保した、という成果止まりです。

そしていよいよ、会の2カ月前くらいを目処に、今度は会への出欠を確認する往復ハガキまたは封書を送ります。前回のハガキ送付で、不達のところは省かれていますから、確実に郵便物が届く宛先への発送となります。但し、この場合でも返信が戻ってくる確率はそれほど高くありません（常に連絡が取れる人にはメール等にて、出欠確認を行っている前提で）。

幹事として一番困るのが、出欠の問い掛けに対して、何の返事もしてこない人です。「欠席」と返事をくれた方がまだ助かりますが、未回答のままというのは何とも気持ちが悪いものです。ただ、返事をしてこなかった人が、会の当日になって突然現れることは、まずありません。人数としては「欠席」として処理しておいて問題ありません。

同窓会（同期会）に対して、必ずしも好意的な人ばかりではありません。出席どころか、出欠の返事で関わることすらやりたくない人もいるでしょうし、断固として無視をしている人もいるはずです。人それぞれですので、それぞれの事情までは立ち入らないのが良いと思います。

2　盆、暮れ前には、実家へのハガキ攻撃

幸いにも、私達の年代（50歳前後）の卒業アルバムの巻末には、卒業生の住所と電話番号が載っています。もちろん、そこに本人が今も住んでいる確率は低く、例え実家が残っていても、親や兄弟が住んでいることを期待する程度です（特に女性は）。以前ならば、その実家にそれぞれ電話を掛けて、「同窓会です」と言えば、現在の連絡先を教えてもらえたかもしれませんが、今ではなかなかそうもいきません。伝言をお願いして、折り返しを待っても、既に「怪しい」と思われている時点で、可能性は極めて低いです。

そこで、実家に案内ハガキを送る「実家攻撃」です。タイミングとしては、本人の帰省を見込んで、その前に送ります。対象者の絞り込みは、以前紹介した不明者の仕分けで、「実家は残っている」となった人です。それと、誰も手掛かりがないと仕分けした人にも、ダメ元で送ってみるかどうかは、判断ください。

ハガキは往復ハガキではなく、通常の郵便料金で送れるハガキを使用します。宛名は現姓も分かりませんので、旧姓のままで送ります。ハガキの文面は比較的シンプルに、折り返しの連絡先として、幹事の名前、電話番号等を書きます。

本人が帰省した際に、そのハガキを見てくれることを想定していますが、帰省の予定がない場合でも、実家から本人にハガキの内容を取り次いで欲しいものです。場合によっては、電話でハガキの内容を伝えてくれるかもしれませんので、できるだけシンプルな方が良いと思います。それと折り返しの名前と電話番号は大きく。

そして、ハガキの裏面（白紙の方）の上の方に以下のように、実家の方へのメッセージを書きます。

「当ハガキは旧姓のまま、ご実家にお送りいたしました。内容をご本人にお伝えいただければ幸いです。」

宛先不明で戻ってくること、ハガキが届いても、何らかの理由で返事がないことを想定しながらも、実家に連絡を行うには、盆、暮れが最善のタイミングです。

出欠「未定」という選択肢

同窓会（同期会）の醍醐味は人探し、と以前も書きましたが、最終的にそれらの人々を集めることをやらなければ意味がありません。自分たちは熱中して、いろいろと準備をしている一方で、冷めた感じのリアクションがあったりすると、その温度差に悩まされることもあると思います。

さて、出欠の確認をメールや往復はがきで呼びかける時期になってきました。結婚式の出欠確認の場合もそうですが、通常は、「ご出席」か「ご欠席」の選択肢しか用意されていません。このようなとき、主催者側で一番困るのが、いずれの返事も返って来ないことです。返信する方は、「明らかにどちらかまだわからない」、「できるなら行きたいけど、調整できてから」とか、「返事すらしたくない（嫌悪）」というのも中にはあるかもしれません。そうこうしている間に返事を忘れたり、という事態も予想されます。

そこで私は、選択肢を以下の三つにして、とりあえずの回答でも良いので返信をくれるように依頼しています。

（1）出席
（2）欠席
（3）未定

ざっと、大掴みの数字ですが、メールアドレスが分かっている人に対して、回答を

呼びかけ、期限前に再度督促も行ったところ、

（1）出席：40％
（2）欠席：20％
（3）未定：20％
（4）返信せず：20％

の結果が得られました。

出席の比率はさておき、約8割の回答を得ることができました。しばらく経って、「未定」だった人を対象に再度確認を掛けるにしても、一旦「未定」で回答したことでつながりを保てていますので、その後のフォローもやりやすいです。

そして、「未定」と回答することの抵抗感を少なくするために、Webサイトでは、「出席」の他に「未定」の人の数も公表しています。（「欠席」については公表していません）

費用の関係からメールアドレスが分かっている人に対しては、メールで出欠確認を行っていますが、住所しかわからない人には、往復はがきを使用しています。そして、同様の「未定」の選択肢を往復はがきでもやっています。返信の欄には、「メー

ルアドレス」と「電話番号」を記載する部分を設けていますので、「未定」の回答でも、メールアドレス等が分かれば、それ以降の確認や連絡はメールで可能になります。出欠のみならず、追加の連絡情報も知ることができ、まさに一石二鳥です。

繰り返しになりますが、未回答、無反応が最も困るものです。その対策として「未定」の選択肢、いかがでしょうか？

恩師・先生への最初の連絡手段

同窓会（同期会）に恩師の先生を呼びたい場合、みなさんならどのようなアプローチを行いますか？　中には、年賀状のやり取りなどが今でも続いているケースがあるかもしれません。しかし、大半の場合は卒業以来、疎遠になってしまっているのではないでしょうか？

卒業アルバムに同窓生と並んで、教職員の連絡先が記載されていませんか？　早速、「ダメ元でも良いから」と、電話してみますか？　ちょっと待って下さい。そして、想像してみてください。あなたがもし逆の立場だったとしたら……。

あなたにとっての先生はわずかな数でしょうが、先生にとっての生徒は何百人、千人以上というケースも普通です。ましてや先生の年齢を考えれば、すんなりと生徒の名前と顔がすぐに浮かぶとは思えません。電話は何の予告もなく、突然音を鳴らして相手を呼び立てます。学校・卒業年次・名前などをまず伝えることでしょう。とりあえず相手は、「はい、はい」と応えるでしょう。何の準備もなく、突然こうやられると困ってしまいます。ここで、「僕（私）のこと覚えていますか？」なんて聞いてしまったら大変です。

まずは、先生方は自分のことを「覚えていない」、あるいは「すぐには思い出せない」という前提でアプローチすべきです。このため、私は先生への連絡は手紙で行うようにしています。最初のアプローチでは、当時の写真（のコピー）を同封するようにもしています。老眼を考慮して、手紙の文字は大きめで。

おそらくその手紙を受け取った方は、手紙を読んで、卒業アルバムを探し出し、ゆっくりとあなたの写真を探してくれることでしょう。電話での会話ではなく、手紙を何度か読み返すことで、あなたの成長ぶりを喜んでくれることでしょう。

私の場合、幹事を代表して恩師の方々にアプローチする事があります。担任でも何でもなかった先生へも連絡を行うわけです。電話口で事務的なことを伝達するのではなく、このようなケースこそ、手紙が最適です。

もし、最初に電話を掛けるとしても、連絡先が今も有効かどうかの確認程度に済ませた方が良いでしょう。

【個人情報の扱いや管理など】

旧姓か、現姓か？

準備を進める上で、予め決めておくことの一つに、同窓会（同期会）やその幹事会において、旧姓で呼ぶか、現姓で呼ぶか、問題があります。私は、旧姓で統一することを推奨しています。その例え話として、「『山口百恵』は知っているけど、『三浦百恵』になったことは知らない」と、私は言っています。誰が今は何という名字かなど、会の進行にはほとんど影響ありません。むしろ、現姓が旧姓のままでいる人に妙な勘ぐりが入ったりして、余計な混乱も生じます。当日の名札にも旧姓を表示するようにしていますが、括弧書きで現姓を表示する例もあります。このあたりは、幹事会で十分に検討を行ってください。

但し、郵便物を送る場合は現姓でないと届きませんので、名簿上は旧姓と現姓を合わせて管理しておく必要があります。

運用で困らない、「プライバシーポリシー」の落としどころ

同窓生（同期生）の個人情報の管理について、そのルールとなる「プライバシーポ

リシー」を是非定めましょう。「個人情報の扱いについて」など、表現は様々ですが、同窓生の個人情報を預かるわけですから、きちんと運用ルールを定めて、それを開示する必要があります。

名簿管理、個人情報の管理において、「個人情報の保護に関する法律（通称：個人情報保護法）」という言葉がしばしば出てきます。同法が施行された当初は、「個人情報を合計5千人分を超えて保有し、事業に使用している事業者」を対象にしたものですが、平成27年の改正により、個人情報の数にかかわらず「個人情報をデータベース化して事業に利用している事業者」すべてが法律の適用対象となりました。事業者とは営利目的の活動をしているという意味ではなく、同窓会（同期会）もこの法律の対象となっています。このため、きちんとルールを決めて、それを遵守した運用が必要です。

ルールを厳格にすることは、同窓生の安心感を得る上では有効ですが、宣言した内容の目的外利用ができないため、実際の運用で面倒になることもありますので、ある程度は利用範囲を想定して、同窓生の合意が得られるような内容はあらかじめ盛り込んでおいた方が良いです。

例えば、「個人的な連絡先等の問い合わせには、対応しません」というケースです。このくらい厳格であった方が良いと思う反面、もうちょっと運用でうまく対応できないかな、と思ったりします。学校全体の同窓会となるとそうでしょうが、その学年だけの同期会となると、依頼者とも対象者とも親しかったりして、むげに断りにくかったりします。そこで私達の場合は、依頼者が自分の個人情報を相手に開示することを条件に、幹事が対象者に連絡を入れて仲介し、対象者から依頼者に連絡を入れてもらうようにしています。

また、利用目的については、「同窓会の開催」だけではなく、恩師や同窓生の訃報の連絡、災害時等の緊急の連絡等にも使用することを私たちは加えています。これらの点については、特に異存なく了解が得られています。

小中学校の同期会について言えば、その小学校の卒業生のほとんどが、学区の指定の中学校に進学する場合は、その対象者について、データを共有化することを明示し、了解を得ています。生徒が同じであると、だいたい幹事もほぼ同じメンバーだったりします。

ますます個人情報の入手が難しくなっていく中、せっかく集めた個人情報は同窓会の貴重な財産です。名簿の開示については、もはやリストを印刷物にしたり、データで配布するようなことが馴染まないご時世です。情報漏洩のリスクの面からも、幹事内でも、名簿（データ）を共有することはせず、限られた数名で、厳重に保管しておく必要があります。

情報の漏洩や不十分な管理などで信頼を失墜することなきよう、最終的には人に掛かっていることは、改めて申すまでもないことでしょう。

第3章
当日に向けて

【企画】

懐かしさにはやはり「手作り感」が重要

同窓会って、とどの詰まり、お楽しみ会とか、全校集会の延長みたいなもんだと思っています。文化祭でも良いでしょう。見栄を張ったり、格好つけたりすることは、必要ありません。その時間、同じ場所で過ごし、同じ空気を吸ってきた仲間たちの集まりです。身内ネタＯＫです。ただ、当時の身内ネタはＯＫですが、卒業以降の芸は別問題です。そういう意味で、同窓会はむしろ当時の身内ネタの再現の方が、形式的な式典よりも楽しめるはずです。手作り感が重要なわけです。

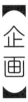

ちょっとダサくっても、その味が懐かしさの要素の一つです。変に商業化されることなく、準備から当日に至るまで、手作り感が重要だというのが私の考えです。

悩んでしまう⁉　余興は何が良いだろうか??

同窓会の余興は何をやれば良いのか？　どんな準備が必要なのだろうか？　最初の同窓会でそういろいろと考えて準備をしていたものの、結局は杞憂でした。会場では三々五々お喋りに夢中で、全体の進行などほとんど無視で、お喋り継続です。

自分がこれまで見てきたホテルの宴会場などでのイベントでは、ほとんどが知らない者同志ですから、間を持たせる意味でも余興があると助かります。そのイメージで何らかの余興が必要かと思いましたが、同窓会では知った顔ばかりですから、間を持たせる必要なんかないわけです。

成人式の会場を思い出してください。係の人が中に入るように促しても、会場の外でずーっと喋っていませんでしたか？　まさにそんな状況の再現です。

会話を遮るほどの、余程の音や光を使ってのパフォーマンスでの余興でない限り、お喋りから進行を奪い返すのは困難です。スライドショーやビデオ上映では、やや弱いです。

最初の緊張感が解け、時間が経過するにつれて、その傾向は強くなります。むしろ、余興で会話を遮るよりも、思う存分に会話を楽しんでもらえる環境を作ることが重要だと思います。

【事前連絡と準備】

「同窓会」に続く、検索関連キーワードとは？

インターネットの検索エンジンで複数語の検索を行う場合、最初の言葉の後に区切り文字としてスペースを入力した時点で、それに続く候補語が検索の頻度に従い表示されます。

そこで、「同窓会」と入力した後に表示される言葉の上位にされる言葉が何か想像できますか？　答は、「服装」です。「会費」や「ノウハウ」といった言葉よりも、ネットで検索する人の関心事は、「服装」なのです。

もちろん、会場や年齢、あるいは恩師の参加の有無などによって異なっていたり、地域的なことで様々に答が異なるため、画一的な答はないはずですが、それでも色々と答を求めている人は多いわけです。ネット検索だけでなく、実際に出席予定者間で連絡を取り合って、「ねえ、何着て行く⁇」って会話が交わされているような気がします。ですから、幹事に求められることは、服装についてのガイドラインを出してあげることです。

会費の高い安いで悩むよりも、まずはどんな格好で出掛けるのが良いかを悩んでいる人が多いというわけです。但し、「平服でお越し下さい」は、誤解する人が多いと思いますので、注意が必要です。「平服でお越し下さい」って書かれていたからって、普段着で行って恥をかくなんてこともありえます。日本語って難しいですね。まさに「平服」って何だよ?! って感じがします。(時間があれば調べてください)

大きなホテルや初の同窓会、恩師の先生方も出席となると、何を着て行くかは、大いに気になることかと思います。特に女性は、会費以上の費用を掛けて着ていく服の準備なんてこともあるでしょうから。

ドレスコードについては是非、ガイドラインを明示してあげましょう。特に、夏場、お盆の時期では薄着でカジュアルに振れる可能性が高いです。そこで私が使った便利な指標は「ビジネスカジュアル」です。クールビズで出勤する格好、あるいはカジュアルフライデーとして出勤している服装のイメージです。そして、「襟のある服」を着てくるように追記しました。

一方、女性に対しては、「男子への指定を参考に、華美にならないようにお願いします」としました。実際に現れた女性の多くは、ちょっと頑張った授業参観くらいの格好で平均化され、丁度良かったと思いました。

手順書の準備を忘れずに

当日の準備で忘れがちなものとして、「手順書」があります。基本的に受付他、当日のスタッフも幹事や実行委員で賄うことになるでしょうが、事前の幹事会に出席していない人や当日手伝いで協力してくれる人向けに、それぞれの人が何をすれば良いかを簡潔にまとめた手順書です。ポイントは大きく二つ。時系列で、何をすれば良いかを記載すること。そして、もう一つはできるだけ大きな文字で、用紙1枚（両面印刷なら2ページまで）にまとめることです。

当日のスタッフの仕事は、会場の設営などは受付が始まる前に終わってしまい、実際に動く時間には差があります。それぞれが何時何分にスタートして何時何分までに終えるのか、一つの作業が終わったら、次の作業の手伝いに回るのか、などを記載するとともに、それぞれの作業パートの責任者を明らかにして、名前を記載しておきます。

手順書はその作業の内容が全て分かっている立場の人が書くわけですが、それを読む人は、これまでの状況を知らないなど、そこまで詳しい人ではないでしょうから、作った手順書が分かりやすい内容になっているかの事前確認は重要です。まったく状況を知らない、家族の目などを通してのチェックも効果的です。

私が作成した手順書は以下のような感じです。

当日、準備が始まる時間はそれぞれ異なるでしょうが、全体が集まった時点で、ブリーフィング（短い打合せ）を必ず実施して、スタッフ全員の意識をまとめましょう。

幹事への伝達事項

- 受付開始以降、特段の役割のない方は会場内に入って下さい。
    - 受付が混んでいるようでしたら、補助をお願いします
- まずは、自分のクラスの席に着席し、来場者と歓談して下さい。
- クラスのテーブルが参加者でいっぱいになったら、本部席（職員室）に移動下さい。
- 受付が済んだ人に対し、ホワイエに滞留せず、会場内に入って、着席するよう案内下さい
- 開演1分前になったら、会場内に入ってカウントダウンコールに備えて下さい
- 開演前カウントダウン残り10秒になったら、一緒に声を出してカウントダウンして下さい
- カウントダウンが終わった瞬間、クラッカー、拍手等により盛り上げて下さい。
- 司会者の開会宣言直後、一層強い拍手をお願いします。
- 乾杯後は席の移動を自由としますので、むしろ積極的に席をかき回すように動いて下さい
- ゲームコーナーでは、クラスのまとめ役として、人員の配列や代表者の選出等でのイニシアチブを発揮して下さい。
- 幹事挨拶では、秀島が呼びかけますので、そのタイミングで一斉に正面に集合し並んで下さい。
- 幹事の紹介は順次、秀島より行ないます。
- 幹事紹介の後、秀島がそのまま謝辞等を話しますので、そのまま並んでいて下さい
- 一次会終了後、撤収と2次会引率と分かれて、協力をお願いします。

	14:00～	14:30～	15:00～	18:00～
秀島	全体MTG	恩師接遇	恩師紹介、スライドショー 、幹事挨拶	恩師見送り
俥内	設営指示	現場指揮 2組テーブル	スライドショー	撤収指示
本原	進行確認・リハ	進行確認	司会	撤収
石田	会場設営	1組テーブル		2次会移動引率
芝田	花束調達	場内案内		撤収
林	会場設営	1組テーブル	乾杯	2次会移動引率
林田	受付準備	受付		2次会移動引率
松浦		（2組テーブル）		2次会移動引率
米場	プレゼンリハ	（場内案内）	スライドショー	撤収
平田	会場設営	3組テーブル	乾杯	2次会移動引率
篠木	会場設営（リーダー）	4組テーブル		撤収
亀田	会場設営（リーダー）	場内案内	乾杯	撤収
白武	会場設営	4組テーブル		2次会移動引率
吉野	受付準備	受付		2次会移動引率
七谷	会場設営（掲示）	3組テーブル		2次会移動引率

拡大写真コーナー	篠木、林
メッセージコーナー	亀田、白武、石田、七谷
タイムカプセルコーナー	俥内、平田、
プロジェクターセッティング	俥内、秀島
音響セッティング	本原

同窓会当日役割分担表

			担当
14:00	幹事集合	設営開始	倖内
14:30	開場	受付開始	吉野、林田
15:00	一次会開始	恩師紹介	秀島
		乾杯	林、平田、亀田
15:30		祝電等披露	樋田
16:00			
16:30			
		スライドショー	秀島、倖内、米場
17:00			
17:30		幹事挨拶	秀島、幹事
		校歌斉唱	全員・伴奏なし
	一次会終了	記念撮影	本原
18:00	二次会開始		
18:30			
19:00			
19:30			
20:00	二次会終了	手締め	

同窓会当日進行表

名札について

前述のように、名札に記載する名字は旧姓を基本とするように、すすめています。そして、名前の他に記載する情報としては、卒業学年でのクラスの他に、他の学年でのクラスなど印刷する場合もあります。用紙のサイズは名刺サイズがおすすめです。パソコンで印刷する際に、名刺サイズを想定した印刷用紙（A4サイズで10面分の名刺がレイアウトできるなど）があり、その名札を首から紐で下げる名札ホルダーもその多くは名刺サイズを基本に作られています。使用するフォントはできるだけメリハリがついたゴシック調のフォントで、名前は特にできるだけ大きく表記したいものです。

名札ホルダーは、首から紐で下げるものの他、プラスチック製で安全ピンやクリップで洋服に付けるタイプもありますが、費用面からすれば首掛けスタイルが良いでしょう。このタイプの名札ホルダーは100円ショップなどでも購入可能です。最安値では、10個入りで100円（+税）で購入できます。但し、必要数の在庫が一度にない場合もあるため、直前に慌てて探すのではなく、何回かに分けて必要数を準備するのが良いでしょう。

また、幹事は誰からも分かりやすくしておく方法として、名札ホルダーの紐の色を変える、という方法があります。例えば、赤のやや太めの紐など。紐だけを買うわけにはいかず、そのような紐付きの名刺ホルダーを買う必要があり、費用は若干掛かりますが検討ください。

シール形式の名札用紙でホルダーを使わない方法もありますが、服の素材によってはうまく貼り付かなかったり、貼ることを嫌がられたり、そして次に紹介している受付方法での方式に馴染みませんので、こちらはおすすめできません。また、記念に名札だけを持ち帰りたい人もいたりします。

この他に、名札に会計の情報をマーキングしておく活用方法があります。事前に当日の会費の支払いを済ませているか、否か。同様に、二次会の会費を支払っているか否か。会費の支払い済みの人の名札には、シールを貼るようにしています。例えば、直径8ミリ程度の円形の色付きシールです。一次会は「赤」二次会は「青」など。会場の入口で担当者が名札にシールが貼られているかを目視で確認します。たまにですが、名札を取って、受付を経ずに会場へ入る人がいます。会計が済んでいるか、受付が済んでいるかの確認が入口で行えます。特に二次会となった際に、事前の申し込みをしていなかったために、会費を支払っていない人など、二次会の会場入口で同様に名札の確認を行えば、支払いのチェックができ、回収漏れが回避できます。

【当日の会場で】

効率的な受付方法の提案

私が行っている受付方法を紹介いたします。まず、出席予定者の名札（紙のみ）を用意し、受付カウンター近くのテーブルにクラス別に並べます。来場者はそこで自分の名札を取って、受付カウンターでその名札を提示します。受付の担当者はその名札を見て、手元のリストと照合するやり方です。名前を聞き間違えたり、受付担当者が名札を渡すために、その名札を探す必要もありません。これにより、受付での滞留時間を短縮化できます。テーブルに並んだ名札を見て、「あの人も来るんだ」ということも分かります。

受付の前に、各々自分の名札を取ってもらいます。

受付では、名刺ホルダーとプログラムを渡します。

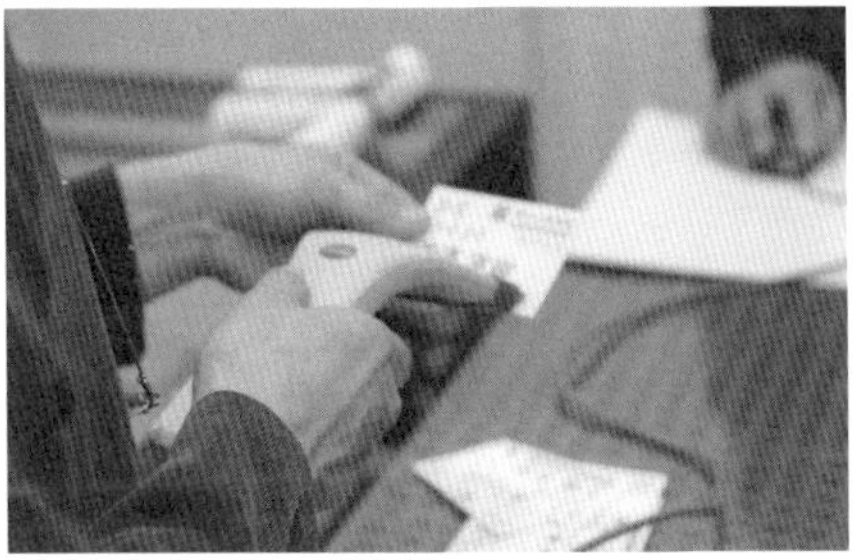

スキャナーを使う上級テクもあります。

さらに、実際に私が手伝いをしている会の場合、名札に個別のバーコードを印刷しています。受付でノートパソコンに接続したバーコードスキャナーでそのバーコードを読み込んで、そのデータをデータベースに書き込んでいます。リストをいちいち確認する必要がなく、その人の会費の支払い状況もパソコンの画面で確認できます。受付をクラス別に分ける必要もなく（実際に分けると、バーコードスキャナーを複数準備したり、データベースをネットワーク対応にするなど面倒です）、来場が集中する時間でも２００人規模の集まりなら、滞留することなく対応できます。

「当日参加」はドラマだけの話!?

日本語には曖昧ゆえに便利な言葉があって、「考えておきます」というのが、実は体の良い断り文句だと、私が知ったのは大人になってだいぶ経ってからのことでした。文字通りに受け止めて、その返事を待っていた私にとって、その真意はとてもショッキングなものでした。

同様に「行けたら行く」という言葉も曲者です。私は文字通り、予定が確定できないときに使用していて、その調整次第で行くつもりでそのような返事をします。しかし、実際世間で使用される真意としては、「行きたくないときの断り文句」となっています。

こんな日本語、変だな、文字通りに受け止めた方が正しいよな、なんて思ったりしていきます。他の国の言語に翻訳した場合、ちゃんと真意を汲んで訳さないと絶対トラブルになりそうです。

そこで、同窓会の出欠についてです。ドラマなんかで見る、行こうかどうか迷った挙句、案内ハガキを握りしめ、会場のホテルの近くまで現れる、なんてことは文字通り、ドラマの中の話です。その日の気分でふらりと出掛けるものではなく、実際には、あらかじめ出欠を伝えているものです。

ハガキで連絡を入れておいて、何の返事もなかった人が、当日ひょっこり現れるようなことは、まずありません。「出欠確認はグレーではなく、白黒はっきりと事前の連絡で確定させましょう」という話でした。

「遅刻厳禁！」、釘を刺すにはこのワードを!!

ドラマで見る同窓会のシーンで、わざと遅れてきて注目を浴びる、ちょっと嫌な感じの登場人物っていませんか。私が幹事をしている同窓会では、このように開催時刻に遅れてきて目立とうとするやり方を禁止しています。具体的に、当日の連絡事項、すなわち、日時場所の念押し、会費、服装のガイドライン等と合わせて、「わざと遅刻してきて目立とうとする行為は禁止です」と明記して、事前に通達しています。

こうなってくると、本人にその意図があろうとなかろうと、この通達を知っている出席者からは、「あいつ、遅れてきて目立とうとしている！」と見えるわけです。目立つどころか、むしろ格好悪くなってしまいます。というわけで、仕事の都合等でどうしても遅れる、と事前に通告してきた人以外に、遅刻者はいませんでした。

かと言って、会が予定の時刻から始められるかというと別問題で、受付やホワイエ（ホールなどの入口付近のやや広い場所）で会話に熱中し、なかなか会場に入ってくれない人達がいます。まるで成人式のときのそれで、係員が会場の中へ促してもなかなか中に入らなかったことを覚えていませんか？
ただいま、この対策を思案中です。いきなり、「ビンゴ大会！」でしょうか⁉

そのときに慌てない、ドタキャンへの対応と備えについて

私が幹事を担当した初の自身の同期会での話をします。ドタキャンによる欠席が出席予定者の一割出てしまいました。出欠の読みが甘かった、と言われればそれまでですが、そこで幾つかのことを学びましたので、お伝えします。

まず、ドタキャンをした人の出欠確認は人づてに聞いたものがほとんどでした。出欠を集約していた私ではなく、別の幹事が「〇〇くんは、『行く』って言ってた」という言葉をそのまま信じていました。もちろん、これと同様に人づての確認であっても、ほとんどの人はその通り、出席してくれています。ただ、人づてである場合、個々に判断の基準に幅があるため、確実性が下がってしまうという例です。「行けたら行

く」の解釈の誤認だった可能性もあります。

会場にはその人も人数に含めて、料理等を手配していますので、欠席が1割の人数となると、赤字になってしまいます。誰かが一旦立て替えて、後からその欠席者から回収するやり方もあるでしょうが、私はそれをやりませんでした。

まず、誰が欠席者から回収するか？　私が回収するとして「出席するなんて、言ってない」とかわされる可能性があります。ならば、人づての幹事か？　実際に回収できるかどうか分かりませんが、この人は今後二度と幹事をやってくれないと思います。そして、それぞれの関係は悪化し、欠席した本人は次からの同窓会に出席しなくなると思います。会費と引き換えに失うものやエネルギーを考えると、あまりにも不幸な結果です。

そしてこれまでマーケティングの仕事をやってきた私が考えたのは、「見込み客はこれからも増やせるけれど、同窓生はこれから減ることはあっても、増えることはあり得ない」ということです。何らかの事情で今回来られなくても、次回は来て欲しい、という思いはずっと貫いていこうと思っています。

それで、不足金はどうしたか、と言うと、格好良く自腹を切ることも考えたのですが、事情を参加者に話したところ、その日の同窓会に大変満足していて、快く次々にカンパしてくれる人が多数現れ、ことなきを得ました。

欠席者の分を出席者で分担するということについて、納得がいかないという人も確かにいます。そういうときはさっきの「同窓生は増やせないから大切にしたい」という思いを話しています。別に説得するつもりはないですが、確固たる考えの上に判断している姿は分かってもらえています。

いずれにせよ、ドタキャンは避けられず、多少は発生してしまいます。私はこのときの学習から、次回からはビュッフェ形式の料理にして、人数は七掛けくらいでオーダーしようと改めました。どうせみんなは話をすることで精一杯で、ゆっくりと食事なんてしている暇などないですから。

第4章

満足度と効率化を図るIT利用実例

この章では、実際に私が実践し地元にいないながらも代表幹事ができたＩＴ利用による効率化のノウハウと、お客様におすすめしている、効率化と満足度向上のためのＩＴ利用例を紹介します。

Facebookから始めよう！ けどデメリットと限界には要注意！

Facebookの登場は同窓会のやり方にも、ある種の革新をもたらしたと思います。

ただ、諸手を挙げて、すべてが良い点ばかりではありませんので、そのメリットとデメリットを良く理解した上での活用が必要です。

まず活動の初期状態で、Facebookに非公開でのグループ（そのグループの存在は誰からも確認できるものの、投稿内容はメンバーでないと見られない）を立ち上げること、これは非常に有効です。20人程度のグループというのを一応の目安とします。そこから、徐々にそのメンバーを介してネットワークは広がっていくものの、あるタイミングから、メンバーの増員がほぼ止まってしまいがちです。グループ内ではいろいろと情報交換が始まり、勢いはついているかのように見えるものの、活動の輪が広がらない状態です。

Facebookを同窓会等のインフラとして使用する際には、その瞬発的な拡散性や限られたメンバー間での密な情報のやり取りには非常に適していますが、一方でいくつかのデメリットとそれによる限界があります。簡単にまとめると、

（1）利用者が限定される

Facebook利用者でなければ、ほとんどその情報を見ることがありません。利用者は年齢層にもよりますが、ユーザー数は国内SNSユーザーの約30％と、意外に少ないものです（国内月間アクティブユーザー数：2千6百万人、2019年、同社発表データより）。到底、これだけで同窓生全体を網羅して、コミュニケーションを取ることなど不可能です。

（2）情報が埋もれていく

登録された情報は、内容の重要度などに関係なく、新たな書き込みがあれば次第に下位に埋もれてしまい、探しづらくなってしまいます。活動が活発で、書き込みが多いほど、皮肉なことに情報が探しづらくなってしまいます。特に、途中から活動に参加したメンバーには不親切なシステムです。

（3）検索機能が弱い

Facebookの検索機能は非常に脆弱で、ワード検索で探しきれない場合が多くあり、過去の投稿をひたすら遡って探す必要があるなど、使い勝手が良くありません。もちろん、探している情報がそこにあるとは限りません。

同窓会のツールにLINEは馴染むか？

中学校の同期会準備会を開催した直後（正しくは、二次会の最中）に、LINEでのグループが出来上がっていました。そこにいない人々も含めて、30人規模のグループが、あっという間に出来上がりました。二次会での、酔った姿の写真などが早速投稿されています。

恐るべきLINEパワーです。多くの人が使い慣れたツールらしく、コミュニケーションもスムーズです。ユーザー数もLINEの方がFacebookよりも多く（国内月間アクティブユーザー数：８千百万人、２０１９年、同社発表データより）、Facebookでのグループ内でのトークのやり取りよりもやり易いようですし、スタンプを送れる（Facebookのよりも魅力的）のが良いみたいです。

このLINEもFacebookと同様に、新たな投稿がある度に、過去の投稿が埋もれてしまいます。ただ、LINEは文字検索ができますので、探している情報にたどり着く操作性はFacebookよりは優れています。一方、スマートフォンを中心としたツールのため、情報量として文字量の多いものや添付ファイルでの投稿には適していません。

速報性が必要な連絡事項に適していますが、出欠の返事を全員が個々に送り合うような使い方は避けたいものです。

先進性よりも網羅性が重要

同窓会で利用するITツールとして最も重要な条件は「網羅性」です。できるだけ多くの人に、できるだけ平等に、できるだけ効率よく伝達させることが必要です。そのため、あまり流行や技術的な先進性は重用せず、むしろベーシックな方法を利用する方が効果的です。具体的には、メールとWebサイトです。SNSも利用しますが、主軸をメールとWebサイトにして、SNSはこれらを補完する形で使用しています。メールなら費用が掛からずに、対象者に一括して情報を伝達できます。SNSの場合はそのツールを使用している人しか見られない（実際にはそうでない場合もありますが）、と思っている人が多く、新たなSNSを始める人は年代が上がるにつれ、少なくなってしまいます。しかし、スマホを持っていればメールやWebサイトの利用は問題なくできるはず。例えガラケーでも、メールのやり取りは可能なはずです。

それと、「網羅性」にはもう一つの面があって、これまでの情報に対する網羅性の意味もあります。Webサイトに来ればこれまでの情報が確認できたり、SNSへのアクセス方法が紹介されています。SNSでは、その時々の断片的な情報になりがちですが、Ｗｅｂサイトならこれらをまとめて把握できるような作りもできます。紹介したＳＮＳ等のメリット、デメリットをまとめると１２４ページのような表になります。

Ｗｅｂサイトで効率化と参加意識の向上を

前述のように、初期のメンバー集めのために、スタート時に使用すべきＳＮＳはFacebookが最適です。幹事やその周りの数人でFacebookを通じ、連絡が取れる人を明らかにし、それで初期の名簿をまず作ります。Facebookで連絡が付く人も一斉に連絡をしたいときのために、メールアドレスを聞き出しておきます。

人探しを効率的に行うには、探し出したい対象者を明らかにすることです。漠然と「消息を知っている人の情報を教えて」と呼び掛けても、既に判明している人の情報ばかり寄せられてしまいます。具体的に誰の情報を探しているかを示してあげる必要があります。

ツール	良い点	悪い点
Facebook （非公開グループ）	・手軽に始められる、タダ ・投稿等のプッシュ機能 ・「いいね！」によるモチベーションUP	・利用者が限定される（意外に少ない） ・過去ログ探しが大変（検索不可）
LINEグループ	・手軽に始められる、タダ ・利用者が多い（Facebookよりも） ・操作、投稿が簡単	・利用者が限定される ・過去ログ探しが大変（文字検索は可） ・長文、ファイル共有に適さない ・ニックネームだと誰だか分からない ・そのままだと投稿の写真へアクセスできなくなる
Webサイト	・誰でもアクセスできる（鍵部分を除く） ・デザインや機能等の自由度は比較的高い	・見に行かないといけない ・制作運用にややスキルが必要 ・広告が邪魔（無料サービス）
ブログ （無料サービス）	・タダで始められる	・広告が邪魔 ・高機能なことができない ・鍵が掛からない（ままの運用が多い） ・時間の経過とともに、情報が埋もれてしまう
メール	・対象者に直接届く ・基本的にタダ	・フィルターで受け取れない人がいる

SNS 等のメリット・デメリット

　そこで、私が次に実践したのは、同窓生の消息判明情報をＷｅｂサイトで公開するやり方でした。アクセスできる人を制限するためにＩＤとパスワードで鍵を掛け、同窓生だけで見られる状態にして、クラス順に名前と消息判明の状況を「確定」「募集中」「物故」と表示しました。この消息情報のページを実際に見てもらうことで、探している対象者が明らかになるとともに、「見ているだけで懐かしくなってきた」と、繰り返しアクセスしてくれる人も増える、まさにキラーコンテンツです。

　そして、人探しを続ける一方、出席確定者の情報も消息情報と合わせて開示し

2016/08/08 現在

確定	情報募集中	物故	合計
118	40	2	160

1組	2組	3組	4組	転校生

1組	消息状況	出欠
[illegible]	確定	●
[illegible]	情報募集中	
[illegible]	確定	●
[illegible]	情報募集中	
[illegible]	確定	●
[illegible]	確定	●
[illegible]	情報募集中	

Webサイト内の消息確認欄

ていきます。消息の列の横に「出席」の列を追加します。出席の返事をした人には「○」。会費を払い込んだ人（前払い制の場合）は「◎」を表示しています。幹事および参加者のやり取りの中で最も多いのが「他に誰が来るの？」という問いかけです。答える側も全体の状況は日々変わっていますので、正確に覚えてられません。ましては、誰の出欠について聞きたいのやら。

私の同窓会では、このように他者の出欠が気になる人は自分でＷｅｂサイトを見に行って確認することにしていますので、このような問いかけややり取りは発生しません。気になるあの人が出席するのかどうか、聞きづらい人も大丈夫。いずれも、「Ｗｅｂサイトを見て！」が合言葉になっています。

メールアドレスの収集方法

私たちが如何にして、メールアドレスを取得しているのかの方法を紹介します。「電話番号はわかるけど、メールアドレスは知らない」という場合は、その電話番号を教えてもらって、その電話番号にショートメールを打ちます。自己紹介の後に、①今度同窓会をやること、②今後の連絡のためにメールアドレスを教えて欲しい、という内容でショートメールを打ちます。効率や個々の幹事の負担も考え、このショートメール打ちの作業は私が一気に引き受けて、毎日数件程度を行いました。ほとんどが好意的にすぐに返信でメールアドレスを教えてくれます。返信がない場合は、自分から電話を掛けてみたり、在学中にあまり面識がなかった人の場合は、その電話番号を教えてくれた人に状況を伝えて一旦戻して、メールアドレスの確認をお願いしました。

たまに、「この電話番号、誰から聞いた？」という問い合わせが入る場合もあります。ですから、電話番号を私に連絡する際には、事前に対象者には断りを入れておくようにお願いしています。

探している旧友を地元の街中で見かけるようなケースもあるようで、立ち話で同窓会の話を伝えても、その場でメールアドレスを正確に聞き出すのはなかなか難しいものです。そこで、電話番号を聞き出してショートメールというフローを徹底し、人探しをみんなで行う作戦です。

このように、私の同窓会の人探しはみんなでやる「オープン＆シェア」が基本方針です。もちろん、個人情報をオープンに開示して、というものではありません。状況をオープンにという意味です。鍵の掛かったWebサイトで状況が目に見えることにより参加意識が高まることが目的で、私が同窓会の準備で最も楽しいのは「人探し」と断言できる理由です。Webサイトには友人の消息情報を投稿する機能のページもあります。

メールを送る際の注意事項

同窓生全体に一斉にメールを送る際には、宛先を[BCC（ブラインド・カーボン・コピー）]の欄に入力する必要があります。[TO]や[CC]にメールアドレスを入力してしまうと、送信対象者全体にそれらのメールアドレスが分かる形でメールが送信されます。個人情報の漏洩となってしまいますので、注意が必要です。

また、幹事間のメールは都度、宛先を指定したり、入力したりが面倒ですし、メンバーの追加があった際は、抜け漏れの原因となりがちですので、メーリングリストか、特定のメールアドレスに投稿されたメールが関係者に自動転送される仕組みの利用をオススメします。

Ｗｅｂサイトで広告収入も可能

せっかくなのでそのＷｅｂサイトに広告を載せて、活動費を捻出しようと考えました。無料サービスの強制的に表示される広告ではなく、自分たちの同窓生がスポンサーとして広告を出すものです。例えば、名刺をバナー広告として表示して、５千円。これを20件集めると10万円です。バナー広告はサイトにアクセスがある度に、ランダムにサイドバー部分に3件（変更も可能）のバナーが表示される仕組みで、この名刺部分をクリックするとその会社などのホームページにリンクします。

実際にこの広告で、スポンサーが儲かることはないでしょう。むしろ、「こんな仕事をやってます」程度の告知です。ちょっと羽振りの良い社長に声を掛けてみてください。Ｗｅｂサイトの来訪者も懐かしい名前に、一般的な広告に比べるとクリック率は格段に良いです。

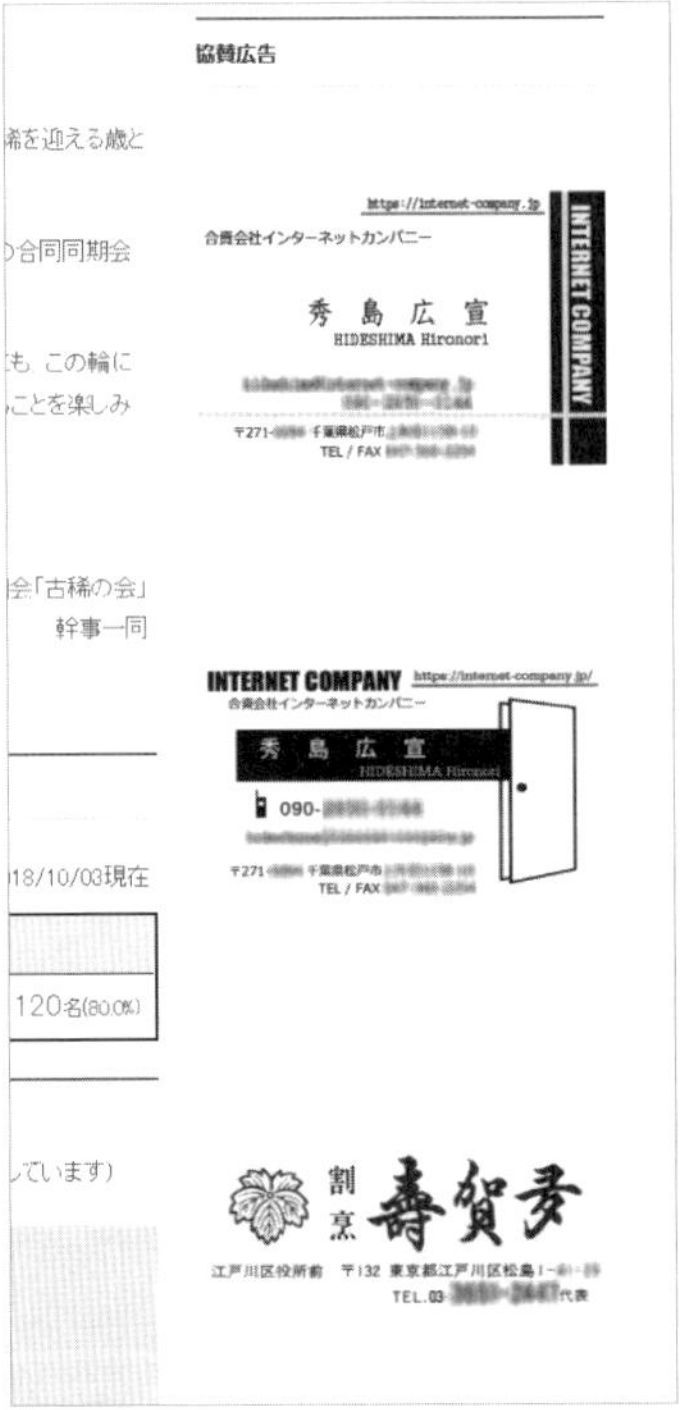

Webサイト内の広告欄

リアルな数字、ある「同窓会サイト」のアクセス状況実例

「同窓会サイト」のアクセス状況の実例を一つ紹介します。私が代表幹事をしている中学校の学年同窓会（同期会）のサイトです。

まず、学年の人数は２７０名程度の中学校です。卒業後、34年経過して初めての開催でした。

開設当初と同窓会直前の、それぞれ1カ月間のデータを比較してみました。

比較項目		Webサイト開設当初	同窓会直前
訪問件数		579件/月	1,646件/月
平均閲覧ページ数（1訪問あたり）		2.96ページ	5.35ページ
平均滞在時間		2分03秒	4分40秒
機種区分	パソコン	59.59％	22.72％
	スマホ	37.48％	71.57％
	タブレット	2.94％	5.71％

同窓会の約半年前に開設したＷｅｂサイトのアクセス件数はこの間に3倍近くになりました。コンテンツも徐々に増やしていくことで、閲覧ページ数、滞在時間とも増えています。また、最も注目すべきデータはスマートフォンからのアクセスが70％を超えていることです。特に同窓会への出欠や消息情報の更新を頻繁に確認するには、スマートフォンからのアクセスが便利であり、特に女性からのアクセスを獲得できるかという点では、スマホレイアウトに対応したサイトが欠かせません。

最も滞在時間の長いページは125ページに掲載した「消息確認」というページで、クラス別出席番号順に生徒名が並んでいて、その横に消息確認ができているのかどうかを表示したページです。実際にこのページを見て、他の同窓生の所在を教えてくれたり、ただ名前を見ているだけでも「懐かしい」と思えるページです。このように状況を公開することが、みんなで消息を探すための仕組みとして機能しています。個人名の横に同窓会の出席情報も表示するようになると、さらに滞在時間が伸びます。このページの1回あたりの滞在時間は平均で3分強でした。

よく、「不明者リスト」などというタイトルで、消息がわからない人だけ、名前を掲出しているパターンがありますが、私としては消息が分かっている人も名前を出して、全体として懐かしむのが、全体の雰囲気づくりにも効果的であると考えます。もちろん、このような情報を掲出する場合には、「認証機能」が当然必要です。

できないものは外部委託で

同窓会専用のWebサイトを作製するにはいくつかのポイントがあります。また、技術的なスキルも必要です。無料のサービスを利用することも可能ですが、ホームページと写真ライブラリーは別で、それぞれのIDとパスワードが必要だったり、煩わしい広告が表示されたり、時系列に情報が埋もれていくために、過去の情報が探しにくいなどのことがあります。数年前に作ったものでは、スマートフォンレイアウトに対応していない可能性も高いです。

この章で紹介しました、当方のWebサイトについては、https://doso.site/ をご覧ください。

費用は掛かりますが、広告の掲載で十分に賄えます。

ネット印刷サービスを使って、冊子を作ろう、作るなら

同窓会で印刷物を配ったりします。表紙に「校章」や「校歌」の歌詞等が印刷されている冊子のイメージです。印刷自体は印刷業者に頼むしかないでしょうが、印刷のための原稿はパソコンで作成でき、データで入稿すると、費用も安くなりますので、その方法を紹介します。だいたい、100部以上印刷する場合は、1部あたりの単価は100円程度（ページ数や納期によって変わります）です。

私は会の当日、受付で配布する「プログラム冊子」の他に、当日の様子を写真などで構成した「当日報告号」の発行をおすすめしています。体裁はA4サイズで8～20ページ程度の中綴じ冊子です。家電品やパソコンなどのカタログのようなイメージです。

プログラム冊子の表紙

『当日報告号』の中面

冊子で当日の気分の盛り上げと感動を永遠のものに

どちらも作り方は同じですが、中身が違います。まず「プログラム冊子」は当日会場で配布し、開演までの間に見てくれるような内容です。卒業アルバムや当時の写真を元に、「なつかし〜い」と、参加者の気分を盛り上げてくれるものです。やむを得ず出席できない恩師や同窓生からあらかじめ言付かっていた近況やメッセージ等も非常に効果的です。

私の場合、在学中の年表や、同窓生の居住地をマッピングした日本地図、現在の学校の写真を入れたり、小学校の会では、事前にアンケートをWebサイトで実施し、好きだった給食のメニューや、6年間の記憶に残る出来事のランキングなどを掲載しました。冊子に広告を載せることで活動費を捻出することもできます。

思い出ランキング	
1位	2度の宿泊訓練
2位	創立100周年
3位	循誘ランド（総合遊具）ができたこと
4位	階段下の購買部
4位	お楽しみ会
6位	ワニの剥製
6位	巡回映画

好きな給食ランキング	
1位	ミルメーク
2位	鯨の竜田揚げ
3位	揚げパン
4位	フルーツポンチ
5位	タカノ食品のジャム
5位	冷凍みかん
5位	ソフト麺
5位	カレー

事前アンケートの集計結果ページ

プログラムに当日の出席者の名前を載せるかどうかは、入稿から当日までのタイムラグを考えると悩ましいところです。出席者のリストはあった方が良いことは間違いありません。何日現在の出欠に基づいて印刷している旨の補足を付けて、印刷しておくケースもあるでしょうし、できるだけ実際に参加してくれる人の名前を載せたいのであれば、会の前日などに家庭用のプリンターで印刷し、冊子に差し込むスタイルも考えられます。

もう一方の、「当日報告号」の内容は、当日の集合写真やグループごとの写真、感想などで構成します。特に後者は出席者の笑顔に溢れ、素晴らしい記念の品となります。

印刷原稿の制作方法

制作方法ですが、使用するソフトは「マイクロソフト・オフィス」です。マイクロソフト製でなくとも、互換ソフト（廉価なものや無料で使用できるものもあります）でも可能です。そして最終的には、これらから「ＰＤＦ」ファイルを書き出して、これを入稿します。

従来の本格的なＤＴＰ（DeskTop Publishing）では、高額なソフトを使用し、見開きでレイアウトを行って、トンボ付きのレイアウトファイルを入稿する必要がありました。素人には到底手が出ません。しかもフォントが正しく出力できるかの、確認作業も必要でした。ところが今では、オフィス・ソフトで電子入稿のデータができるのです。

具体的には、レイアウトの自由度を考え、「パワーポイント」がおすすめです。例えば、Ａ４用紙サイズに画面を設定し、文字を配置する場合は「テキストボックス」、写真やイラスト等はコピー＆ペーストで配置していきます。

A4 サイズに設定した各ページに写真を配していきます。

そして、おすすめの体裁は、中綴じの8ページの冊子です。もし、コンテンツ作りが大変なら、中折りの4ページでも良いですが、コストパフォーマンスは8ページが高いです。おそらく、他の用途でも8ページのニーズが高いのか、業者間でも価格競争が激しいようで、戦略的な価格付けをしているのだと思います。

それと、印刷の際のもう一つのアドバイスは「紙質」です。チラシのような、ペラの用紙では、その冊子自体の質を毀損しかねません。若干、費用が上がりますが、紙質はやや厚目のものにアップグレードすることをおすすめします。

価格については「印刷 通販」などで検索してみてください。価格はしばしば変動していて、一概にどれが安いかは、それぞれ変わります。それと、これらの業者で価格を抑えるコツは、納期を長めで依頼することです。例えば、「10日間」で注文すると、「3日間」に比べて、約40％引きになったりします。それと、印刷部数は増えても、費用はそれほどは変わりません。部数の刻みが100部単位だったりしますので、多めに刷っておいた方が良いと思います。

業者を選ぶ際のもう一つの指標として、「入稿方法」についての説明が親切に書かれているところを選ぶのが良いと思います。

冊子の校正について

冊子を作る際の用紙は、特殊なものを除くと、光沢のあるコート紙とツヤのないマット紙のいずれかからの選択になります。写真が中心の場合はコート紙の方が見映えが良いです。一方、マット紙は指紋が付きにくいのが特徴です。同窓会での集合写真が中心となるような場合はコート紙を、文字原稿が多いようならばマット紙の選択を推奨します。

印刷にあたっての色校正は費用の関係から基本的に省略します。しかし、実際に刷り上がったものの色味が想像していたものと違っていたり、使用した写真がブレていたりということを入稿前に確認しておくことは、家庭用のプリンターでも可能ですので、実際に事前に行ってください。用意するものは、インクジェット方式のプリンター（複合機）と、実際の印刷に使用するタイプの用紙です。写真が多く、コート紙を選択する場合はプリンター用紙として「光沢紙」を用意してください。

印刷するのは、パワーポイント等のレイアウトを行ったファイルではなく、そこから生成したPDFファイルです。パワーポイントのファイルをそのまま入稿することも可能ではありますが、フォントが想定したものと別のものが代替で使用され、イメージが違ったり、レイアウトの崩れとなる場合もありますので、フォント埋め込みのPDFファイルでの入稿をおすすめします。

インクジェット方式のプリンターはその特性上、印刷直後はややくもった感じの色味となりますが、1日程度時間を置くと本来の色味となります。その状態の印刷物で色校正が代用できます。解像度の点では、家庭用プリンターよりも業務用のオフセット印刷機が数倍クリアに印刷されます。

【章末Q&A】同窓会サイト　利用者の声

東京都立江北高校二三期同期会（昭和42年卒）

Q「江北二三期会について、同期会サイトを開設する前後での違い、具体的な効果やメリットを教えて下さい。」

A同期会に参加いただけなかった（参加できなかった）方との情報共有が何といっても一番だと思います。

当日の様子、クラスごとの集合写真（名前の紹介）、恩師からのメッセージなどをお知らせすることで、次回は是非参加したいと思っていただいた方が多かったと思います。

また、残念ながら当日参加できない方からの返信ハガキの通信欄を掲載することで、当日会えなかった方の消息を知ることが出来好評でした。

同期会運営で最も大事なのはお金の明朗化です。会計報告もこのサイトで行っており、会計情報をガラス張りにすることで会費の妥当性や現在の資金状況をご理解頂けていることと思います。

Q「以前から同期会を継続されていますが、いつ頃から続いているのか？　初回は大変だったのか？　継続して開催を続ける苦労などを教えて下さい。」

A　かつては不定期に行われていたようですが、私が常任幹事になったころから２年に一度の定期開催としています。
定期開催のスタートは２００８年、おおむね10年前でした。

継続開催の苦労・・・、あまり苦労とは思っていませんが、やはり幹事のリーダーシップにあると思います。

毎回幹事交代制でやっていらっしゃる同期会も多いと思いますが、それぞれの回の幹事のユニークな企画の楽しみはあるとしても、運営ノウハウは積み重ねるごとに蓄積され、それを他のメンバーに伝えていくというのは大変な事だと思います。

継続していくことで、より効率的に会を運営していくことが出来、その分幹事が担う負担も少なくなります。同期会の案内や集合写真やＤＶＤの作成送付はアウトソーシングするなどもその一つです。同期会ＨＰや同期会Facebookのコンテンツも充実していくことなどは、同一の幹事が継続して対応しているからこそできるものだと自負しています。

Q「その他、コメントがありましたら、お願いします。」

A 今回、貴社のサポートで我が同期会のコンテンツも充実してきましたが、同時に同期会のFacebookページも併設しており写真を中心としたコミュニケーションツールとして活用しています。今後も新しいツールを積極的に取り入れていきたいと思います。LINEでのグループコミュニケーションや同期会開催のライブ配信などもその一つです。しかしその場合においても核となるのはやはりこのＨＰではないかと思います。いつ閲覧してもあるべきところに情報がきちんと掲載されているというのは、私たち高齢者のネット利用には欠かすことのできないものだと思います。

高齢者もスマホを活用する時代だからこそ、ネットで情報共有できるこのＨＰの価値はますます増大していくと思います。

東京都立戸山高校46年卒同期会（昭和46年卒）

Q「戸山46会において、同期会サイトを開設する前後での違い、具体的な効果やメリットを教えて下さい。これまでのサイトと比べての違いとか。」

A 同期会サイトは以前から開設していましたが、同期のＩＴ系人物を中心に依頼をしていました。

若いときは良いですが、年齢を重ねるにつれて自主管理が面倒になり最新のサイトには敵わない時代遅れのサイトとなり使う人が少なくなってきてしまいました。

新しい技術への対応（スマホ対応など）は、使う側のＩＴリテラシーに格差の大きい同期会などでは必須です。

今回貴社に依頼することにより、セキュリティーを確保したうえでの名簿公開やメーリングリストの開設なども拡充出来、使う（閲覧する）人が増えました。

外注管理の場合は費用がかかりますが、メンテナンスを考えるとはるかに便利だと考えます。

Q「以前から同期会を継続されていますが、いつ頃から続いていますか？」

A 同期会は卒業30年の前からで、初回は電話やはがきが中心（ネットの時代でない）でした。無償のサイトで写真のアップ等はしていたが、デジカメの時代ではなく結構大変なスタートでした。

Q「継続して開催を続ける苦労などを教えて下さい。」

A 同期会の場合、通常卒業時のクラスで行うクラス会とは違い各クラスの集まろうという温度差が違うため幹事会（クラス）をまとめるのに苦労します。クラス代表の幹事会の回数を増やし、この集まりを維持することが大切。

Q「その他、コメントがありましたら、お願いします。」

A 年齢を重ねるにつれ、簡単な方法で全員に連絡をし、回答をもらう手法が必須です。同期会のピークはおそらく55歳～60歳ぐらい、この後は徐々に減っていきます（出席者が固定化する）。同期会サイトには同期会情報だけでなく「クラス会単位」の情報の掲載が大切。各クラスが同期会サイトに情報を提供してくれるようになれば、盛り上がります。

東京都立小岩高校1・2・3期合同古稀の会

東京都立小岩高校12期同期会（還暦の会）

第5章

新たなコミュニティとしての同窓会

無事に同窓会（同期会）が終了した後に重要なことは、同窓会をきっかけに再構築できた仲間たちとの関係を維持し、強化し、拡大していくことです。個々に連絡先を交換して会うようになった、という話はよく耳にしますし、競うようにクラス会を開催するようになった例も数多くあります。

「次には来てくれますように！」欠席（予定）者への対応

「ダメな人は、また新たなダメな理由を探す」――誰の言葉でもなく、私の言葉です。

別に同窓会の出欠に限ったことではなく、日常でも、仕事のやり取りでも、こんな人はいます。「ダメ」な理由を言ってはくれますが、その問題が解決した頃に尋ねると、また新たな「ダメ」な理由が発生しています。それが本当に大変なことで、それが連発していたら、さぞや気の休まらない毎日かな、と思うとそうでもないわけです。

「今年は初盆だから」、「親戚が来るから」、「今年は帰省しない」、「忙しい」、などなど。

遠方なのはまだ仕方がないですが。初盆や親戚対策としては、その前後にもプチ同窓会を用意していますが、そちらにも反応はありません。むしろ、「欠席」と言ってくれた方がこちらも楽なのですが、そういう人に限って、メールアドレスや電話番号は分からず、手紙の返事を待つしかありません。こんな時、私は理由を問いただしたり、強く参加を求めることはしないようにしています。

迷っている人には、いろいろとメッセージを送ったりして、参加してもらい、「迷っていたけど、参加して良かった」と言ってもらえますが、行きたくない思いが支配的な人を翻意させるのはなかなか難しいものです。

事情を汲んで、「一緒に行こう！」と誘ってくれるかつての仲良しがいてくれれば良いですが、それが（それでも）難しいようだったら、それ以上の深追いはしないことにしています。お互いがハッピーでなければ、意味がありません。

欠席者にWebサイトで写真を公開していることなどを伝えると、「無理してでも（仕事を休んででも、とか）、行けば良かった！」という声が返ってきたりします。中には、「今度は必ず出席します。けど、前回行っていないと、行きにくいんじゃない？」という声もあります。そんなとき、私は次のように答えるようにしています。「誰も、前回誰が来ていて、誰が来ていなかったなんて、覚えていないと思うよ。風邪を引いて学校を休んだ翌日の感じで、気軽に来てください」って。

連絡網もまたありがたい

「異常気象」などと呼ばれるように、昨今は台風や大雨での被害が各地で相次いでいます。全国ニュースで郷里のそのような状況などを見ると、最も被害が大きなところが映っているのでしょうから、そこ以外の場所ではそこまでの被害はないと思われますが、実際に自分が住んでいた周りの状況が気になったりします。特に私が通っていた小中学校は台風によりしばしば冠水し、通学路でも川が溢れてしまう箇所がありました。そんなときは同窓会のLINEグループでの連絡、確認が役立ちます。無事の報告を行ったり、冠水した道路の写真を投稿しあったり。逆に「東京に住んでいる、子どもから何の連絡もなくって心配」というような投稿に対しては、私の方がわかる範囲でその地域の状況をローカルニュースから拾って、投稿したりしています。

関東は何かと地震の多いところですから、地震があった際にも、状況確認や無事を知らせる投稿などが続きます。

最も悲しいのは、訃報です。地方新聞の「おくやみ」欄を見た友人から、私宛に連絡が入り、メールで学年全体に配信する場合もあります。

悲しいことも含め、このような連絡ができるのも、同窓会を契機に消息確認を行っていたからで、改めて連帯の意識が再構築されたからですね。

同窓会で町おこし？

同窓会での町おこしができないかな？　という思いがあります。これは若年層向けのプランかと思います。地元に残った人々での連帯強化に加え、単一の学年だけでなく、学年をまたいでの集まりにして、懐かしさだけでなく、自分たちの地元を活性化していくためのアイデア出しやその実行部隊としての集まりに発展できたらと思います。

郷里を離れて暮らしている人々にも、数時間で帰省できる範囲であれば参加を求め、その地元にはない情報や魅力を聞くことで刺激を受けることも有効だと思います。

これからの技術の進歩への期待と回帰

今後の同窓会を考えた場合、ネットワークによる中継が予想されます。そこにいない人でも、インターネット環境を使用して会場の様子をリアルタイムに観覧できるイメージです。例えば帰省しなかった人など。

実は私が最初に開催した小学校の同窓会のときに試してみました。このときは音声信号の分配がうまくいかず、画像だけの中継となってしまいましたが、遠方に住む友人を中心に、会場の様子を見てもらうことができました。試験中継の実施やケーブルの準備などちゃんとやっておけば良かったと、反省しきりです。当時はまだテレビ会議やビデオ通話などの認知も低い時期でしたが、今は見る側がスマートフォンなだけでなく、発信する

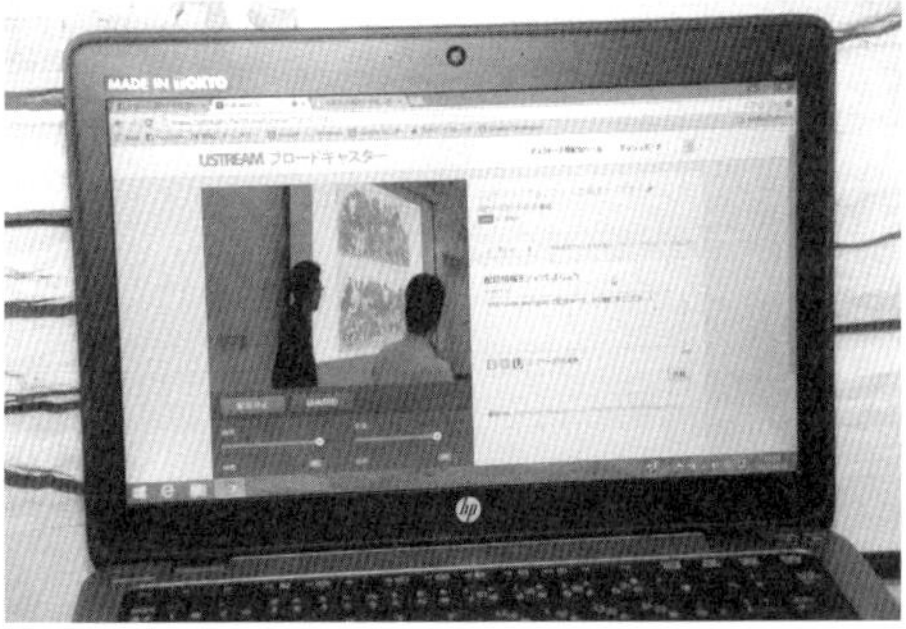

動画が配信されているところ

側もスマートフォンで手軽に行える状況が、何ら難しくない時代になっています。

しかし、そうなることで、画面越しに会場の様子を見ている人が「行けば良かった」と、むしろリアルに顔を合わせることの大切さを感じるような気がしています。たまにしか会えないからこそ、改めて実際に会えることの大切さを実感するきっかけとなる可能性があります。

同窓会における同期会、クラス会の重要性

ここで、同期会、クラス会にとどまらず、学校全体の卒業生で構成される「同窓会」について書きたいと思います。

私がアドバイザーとして、ご縁をいただいている都立小岩高校同窓会の課題は、組織と財政です。おそらくこれは他の学校の同窓会にも言えることだと思います。もちろんそれぞれによって深刻度などは異なります。

そのような中、主に伝統校に見られるのですが、年次の総会を懇親会付きで大々的

に実施している同窓会は、同期会などが活発に行われていることが特徴です。学年ごとの組織が卒業時から編成され、総会幹事の当番制や申し送りにより「卒業30周年同期会」を必ず開催するという形で、結束を強めていきます。この学年組織は一生モノです。

世の中の多くの人が、同窓会＝学年で集まっての飲み会、と思っています。同期会がそのまま同窓会という名前で呼ばれていることから思うに、同期会自体には親しみを感じるけれど、同窓会はよく分からない、遠い存在だということです。同窓会が何をしているか、誰がやっているのか、を認知してもらうには、同期会・クラス会は絶好のチャンスです。まずは、活動を見える化する必要があります。いきなり同窓会の理事や役員になってくれる人はなかなかいませんが、ファンを作っていくことがまず必要です。総会への動員や企画への協力者を得る場合に、役員は自分の身の回りの人を対象に考えますが、私はその人がまた周囲の人に声を掛けてくれるようになることが必要と考えています。ワンクッション、できればさらにツークッション、そのような仕組みを作る上で、同期会・クラス会は同窓会にとって大きな意義があります。

同窓会アドバイザーという肩書

最後に、私の「同窓会アドバイザー」という肩書について触れておきます。この「同窓会アドバイザー」というのは、現時点では職業的な肩書ではなく、私が都立小岩高校同窓会より与えられている役職名です。ちなみに私は小岩高校の卒業生ではありません。

私が小岩高校の同窓会に関わるようになったのは、「同窓会サイト」の営業で、近辺の高校の同窓会宛にメールを送ったことがきっかけです。たまたま小岩高校の同窓会はＷｅｂサイトの担当者が役員から抜けて、数年間更新が途絶えていたところでした。早速、月例の常任理事会に呼ばれて、翌月には納品、報告。翌々月にも、リニューアルしたサイトへのアクセス状況の報告のために、理事会に出席。加えて、新機能として、クレジットカード決済による同窓会費納入機能の提案などを行い、「良ければ、また来月も来てください」と当時の会長に言われました。それから4年の月日が経ちました。

そのような形で会議に毎回参加するうちに、発言を求められるような機会もあり、「同期会、クラス会を活性化させましょう」という提案を早速採用いただきました。同期会には2万円、クラス会には1万円の支援金の支出を行う一方、それぞれの会の告知と開催後の報告をホームページに挙げるための情報提供が、支援のため条件です。このことで小岩高校同窓会のホームページや会報誌は随分とにぎやかになり、Webサイトの認知度も高まりアクセス数も増えました。

こうして、小岩高校同窓会の常任理事会に出席しているうちに、同窓会総会で会則の改正を経て、新設の「アドバイザー」という役職をいただきました。理事相当の役員です。また、その後年の総会において、再度の会則の改正で、通常は教職員を対象とした「特別会員」という区分に、「本校の卒業生ではないが、当会の活動に著しい貢献のある者」という項目を設けていただき、現在は「都立小岩高校同窓会　特別会員　同窓会アドバイザー」というのが私の肩書になります。

同窓会の役員ですので、入学式や卒業式にも来賓として出席します。式の中での来賓紹介の際には「同窓会アドバイザー」という肩書付きで紹介がアナウンスされます。「同窓会アドバイザーって何だろう?」と思う人もあるかもしれません。最初は私自身、照れもありましたが、今ではむしろ疑問に思ってもらえることで、多少なりとも同窓会に関心を持ってもらえるならば、と思っています。

小岩高校では、卒業式で同窓会役員も来賓席で起立して、卒業生や在校生とともに校歌を歌うことを、私の提案で前回から始めました。式の最後、まさに佳境のシーン。先輩として後輩の卒業を祝う上で、他の来賓には決してできない趣向です。新たな伝統となることを願っています。卒業していない学校の校歌ですが、もちろん私も歌えます。このことはちょっと自慢です。

都立小岩高校同窓会
昭和38年（1963年）開校
昭和41年（1966年）第一回卒業式挙行・同窓会設立
平成27年（2015年）同窓会設立50周年記念式典実施
卒業生数：約2万名

著名な卒業生
吉田照美　4期生　フリーアナウンサー
湯本豪一　4期生　民俗学者　妖怪研究家
森中直樹　9期生　NHKアナウンサー
大竹しのぶ　11期生　女優
あろひろし　13期生　漫画家
橘家文蔵（三代目）　15期生　落語家
白石麻子　23期生　元おニャン子クラブ
風間俊介　37期生　タレント・俳優

あとがき

小学校の同窓会に続き、中学校の同窓会の代表幹事を私が務めたときの最初の準備会での話です。このときの準備期間は約半年間で、その間に3回の準備会を行いました。幹事会という堅苦しい肩書きなど抜きにして、プレ同窓会の雰囲気で告知したところ、約30名が集まりました。卒業から30余年ぶりの再会となった顔ぶれもありました。そのとき私は代表幹事として次のような約束を彼らと交わしました。

「一緒に同窓会のために頑張ってくれる皆さんには、当日の最後にプレゼントをあげますから楽しみにしていてください」と。

そして同窓会当日、最後に私が挨拶を行い、一緒に頑張ってくれたメンバーをステージに呼び込み、会場と一体になって校歌を歌いました。そして最初の準備会のときの約束のことを会場のみんなにも伝えて、そのプレゼントを渡しました。渡しました、というより種明かしです。

「そのプレゼントは『達成感』です」

ステージ上のメンバーは笑顔とともに、個々にうなづいたり。「幹事やって良かった」と思った瞬間でした。この歳になってくると日常生活の中では、なかなか達成感など感じる機会がなくなってくるので余計に嬉しいのかも知れません。そして出席してくれたみんなからの「ありがとう」の声と拍手、それに握手。私はこの瞬間の感覚が忘れられず、よその学校の同窓会にも協力するようになっていました。

みなさんが自ら幹事になったり、あるいは協力者としての働きにより得られる達成感はその後の人生においても貴重な宝物となるはずです。

さて、みなさんは会いたい誰かの顔が思い浮かびましたか？ そして、何からアクションを起こしますか？

「同窓会バンザイ！」

秀島広宣（ひでしま ひろのり）

1966年 佐賀県佐賀市生まれ。大学卒業までを佐賀市で暮らす。
1989年 就職を機に上京し、メーカー系事務機販売会社にて勤務。主に商品企画、マーケティング等の業務を担当。
2013年会社の早期定年退職プログラムに応募し、脱サラ。IT会社を起業し、現在に至る。
千葉県松戸市在住。1999年から「秀コラム」という名で雑文を書き始め、現在2000話を超える。Webサイトや Amazon Kindle 等で公開中。その他、「森繁社長録」「落語探偵団」など趣味で作成したWebサイト多数。
合資会社インターネットカンパニー　代表
https://internet-company.jp/

https://doso.site/

都立小岩高校同窓会アドバイザー（特別会員 外部理事）
佐賀市立循誘小学校1979年卒学年同窓会 代表幹事
佐賀市立城東中学校1982年卒学年同窓会 代表幹事
佐賀県立佐賀西高等学校 20 回生同窓会 幹事・実行委員

Special Thanks
都立小岩高校同窓会（同古稀の会、同 12 期同期会、他同期会、クラス会）
都立江北高校 23 期同期会、
都立戸山高校 42 年卒同期会「陽楓会」、都立戸山高校 46 年卒同期会、
都立戸山高校体操部 OB・OG 会、
佐賀県立佐賀西高等学校同窓会、
佐賀県立佐賀西高等学校 20 回生同窓会、他
小中高同期生のみんな

懐《なつ》かしさの宝石箱《ほうせきばこ》

同窓会《どうそうかい》をやろう!

2020年2月21日　初版第1刷

著者/秀島《ひでしま》ヒロノリ
発行人/松崎義行
発行/みらいパブリッシング
〒166-0003 東京都杉並区高円寺南4-26-12 福丸ビル6階
TEL 03-5913-8611　FAX 03-5913-8011
http://miraipub.jp　E-mail:info@miraipub.jp
企画協力/Jディスカヴァー
編集/小根山友紀子
カバーイラスト/中川いさみ
ブックデザイン/則武 弥(ペーパーバック)
発売/星雲社(共同出版社・流通責任出版社)
〒112-0005 東京都文京区水道1-3-30
TEL 03-3868-3275　FAX 03-3868-6588
印刷・製本/株式会社上野印刷所

ISBN978-4-434-27220-2 C0077